能说会道

羊三 ◎ 编

北方妇女儿童出版社
· 长春 ·

版权所有　侵权必究

图书在版编目（CIP）数据

能说会道 / 羊三编 . -- 长春：北方妇女儿童出版社 , 2025. 4.（2025.10 重印）-- ISBN 978-7-5585-9331-4

Ⅰ . H019-49

中国国家版本馆 CIP 数据核字第 20253EZ376 号

能说会道
NENGSHUOHUIDAO

出 版 人	师晓晖
责任编辑	李　婧
装帧设计	天下书装
开　　本	720mm×1000mm　1/16
印　　张	11
字　　数	200 千字
版　　次	2025 年 4 月第 1 版
印　　次	2025 年 10 月第 3 次印刷
印　　刷	阳信龙跃印务有限公司
出　　版	北方妇女儿童出版社
发　　行	北方妇女儿童出版社
地　　址	长春市福祉大路 5788 号
电　　话	总编办：0431-81629600
定　　价	49.80 元

前言

语言是我们与他人互动的纽带，深刻地影响着人际关系的亲疏、事情的成败，甚至决定着生活的幸福指数。本书正是一把为你量身打造的神奇钥匙，是帮你解锁语言的强大密码，将引领你开启魅力沟通的奇妙旅程。

这本书的独特之处在于它打破了传统沟通类书籍的枯燥理论模式，以丰富多元的场景为切入点，细致入微地剖析不同情境下的说话技巧。不管你是在情感的旋涡中迷茫，不知该如何与心仪的异性开启浪漫对话；还是在职场的浪潮里拼搏，面临领导的画饼、同事的邀功与加班的压力；又或是身为父母，渴望掌握与孩子有效沟通的技巧；抑或是在社交场合中小心翼翼，担心自己会说错话……这本书都能为你提供精准而有效的解决方案。

从情感篇里让人心跳加速的微信开场白，到回怼篇中不带脏字却能让对方哑口无言的话术；从职场篇中巧妙应对各种难题的实用技巧，到教育篇里亲子沟通的温暖魔法；从社交篇里听懂言外之意的社交智慧，到金句篇中能让朋友圈收获无数点赞的文案秘籍，每篇文章都像一个宝藏库，装满了实用且精妙的说话技巧。

书中的所有技巧都不是空洞的理论,而是结合了大量贴近生活的真实场景,能让你轻松代入,迅速理解并掌握。比如在讲述与异性聊天儿的技巧时,将通过具体的对话场景,展现普通回应与高情商回应的差别,让你直观感受语言的魅力;在职场篇中,面对领导画饼,本书将教你如何运用捧哏艺术巧妙应对,既不显得生硬,又能让领导感受到你的高情商。为了能让大家更好地掌握说话的技巧,每篇文章后面都附上了黄金话术。

当你读完这本书,合上它的那一刻,你会惊喜地发现自己已经悄然掌握了诸多说话技巧,能够在各种场合中从容自信地表达,化解矛盾冲突,增进彼此的理解与信任。无论是在工作中争取更多的机会,还是在生活中拥有和谐美满的人际关系,抑或是在社交中展现独特的个人魅力,本书都能成为你的坚实后盾,助你一臂之力,让你在人生道路上更加游刃有余,收获满满的幸福与成功。

目录

情感篇　和异性聊天儿的黄金法则

破冰神操作：让 TA 笑出"鹅叫"的微信开场白 …… 2

用土味情话反套路：撩得 TA 耳尖泛红的秘密配方 …… 6

自黑式调情：把"社死现场"变成心动现场 …… 10

话题急救包：4 个让聊天儿永不冷场的万能梗 …… 14

诚恳回应：化解冲突，走向共情深处 …… 18

幽默化解翻车现场：说错话时的 3 秒救场术 …… 22

黄金话术集锦 …… 26

高情商回答 …… 29

回怼篇　一句话秒杀对方的技巧

"阴阳大师"速成班：不带脏字怼到对方自闭 …… 32

反客为主的话术：把羞辱变成全场笑点 …… 36

亲戚拷问反杀计：催婚催生的终结者 …………………………… 40

同事"挖坑"自救指南：用幽默拒绝背锅 …………………………… 44

"杠精"克星金句库：让"ETC自动抬杠机"报废 …………………… 48

"凡尔赛"终结者：用魔法打败魔法 ………………………………… 52

黄金话术集锦 …………………………………………………………… 56

高情商回答 ……………………………………………………………… 59

职场篇 让你在职场中风生水起

领导"画饼"时的捧哏艺术 …………………………………………… 62

会议冷场救援队：5句话让领导为你转身 ………………………… 66

拒绝加班的优雅话术 …………………………………………………… 70

同事邀功时的捧杀秘籍 ………………………………………………… 74

酒桌躲酒的"糊弄学"大全 …………………………………………… 78

离职不翻脸的江湖式告别 ……………………………………………… 82

黄金话术集锦 …………………………………………………………… 86

高情商回答 ……………………………………………………………… 89

教育篇 父母的语言里藏着孩子的未来

这样说孩子才会听：亲子沟通的魔法句式 ………………………… 92

不伤孩子自尊的4个批评话术 ………………………………………… 96

把"不许哭"换成金句，孩子瞬间变坚强 ………………………… 100

夸出学霸体质：让孩子爱上学习的"彩虹屁公式" ……………… 104

孩子顶嘴时，一句话让他心服口服	108
睡前5分钟聊天儿术，轻松成为孩子心中的超人	112
黄金话术集锦	116
高情商回答	119

社交篇 理解言外之意，让你在社交中更从容

听懂潜台词：社交"黑话"翻译大全	122
用梗接住试探，优雅守住边界	126
高情商打太极：把不想回答的问题变成笑点	130
社交恐惧急救包：7句万能接话模板	134
黄金话术集锦	137
高情商回答	139

金句篇 朋友圈宝典：让你收获更多点赞

负能量反向操作：把沮丧的心情写成段子	142
吃货专属文案：用美食玩转人生哲理	146
吐槽工作的正确方式：让领导笑着点赞	150
节日祝福模板：告别群发尴尬	154
凡尔赛文案：高级的幽默配方	158
自拍配文库：幽默夸己不招黑	162
黄金话术集锦	165
高情商回答	167

情感篇

和异性聊天儿的黄金法则

在人际交往中,情感交流占据着核心地位,而与异性聊天儿更是一门高深的艺术。从刚接触时的破冰开场,到相处中的冲突化解,每一个环节都暗藏玄机。一句恰到好处的开场白能瞬间拉近彼此的距离,土味情话能为彼此关系增添别样的甜蜜,巧妙回应冲突能让两颗心越走越近。掌握和异性聊天儿的黄金法则,你将在情感沟通的海洋中如鱼得水,用言语搭建通往对方内心的桥梁,收获真挚而美好的情感。

能说会道

破冰神操作：
让TA笑出"鹅叫"的微信开场白

在最开始与异性聊天儿时，开场白就像一把神奇的钥匙，既能为你打开对方的心门，也能让双方沟通的大门紧闭。心理学研究表明，积极有趣的开场白能迅速拉近彼此的距离，提升对方继续交流的意愿。一段别出心裁的开场白不是简单的寒暄，而是用轻松幽默的方式在双方之间架起一座充满好奇与期待的桥梁。

场景再现

周末上午，苏然坐在咖啡店里，手中捧着一本书，正沉浸在文字的世界里。这时，手机屏幕忽然亮起，是好友推荐的一位异性——朱伟发来的好友申请。苏然通过好友申请后，心里既好奇又有些紧张，不知道该如何开启这段对话。

朱伟："你好，很高兴认识你。"

苏然看到这条略显直白的开场白，一时间不知道该怎么回复，直白的问候让她觉得有些乏味，聊天儿的热情也瞬间骤减。她心想，这样的开场白也太普通了，好像很难聊出什么有趣的内容。手指在屏幕上停留了许久，苏然只回了一句"你好"，之后两人便陷入了沉默。

试着 这样沟通

朱伟:"我掐指一算,今天会认识一个超有趣的人,看来没错,是你!"

苏然看到这条消息,忍不住笑出了声,心想这个人还挺幽默,于是迅速回复道:"哈哈,被你发现啦,那你可得好好跟我聊聊,看看我是不是像你以为的这么有趣。"就这样,两人的聊天儿自然地展开,从分享日常趣事,到探讨各自的兴趣爱好,氛围轻松又愉快,不知不觉两个人就聊了好几个小时。

能说会道

每一次交流都像两颗心之间细腻而微妙的触碰,蕴含着重塑关系、增进感情的无限可能,而诚恳回应宛如一把神奇钥匙,能巧妙化解冲突,引领双方走向共情的温馨深处。下面让我们一起来看看如何通过诚恳回应化解情感沟通中的冲突吧!

1. 利用趣味猜测开启对话

对话场景:张月通过朋友介绍加上了陈宇的微信,她靠在床边盯着手机屏幕,心想对方会发来怎样的消息。与此同时,陈宇坐在客厅的沙发上,手指在手机屏幕上点击着,思索着应该如何开场。

一般回应:

陈宇:在吗?

张月:嗯。(之后双方陷入尴尬沉默)

高情商回应:

陈宇:我掐指一算,你现在应该在手机屏幕前犹豫要不要回我消息,对吧?

张月:哈哈,你怎么知道!

能说会道

2. 运用夸张比喻增添新奇感

对话场景：晚上，马艳结束了一天的忙碌工作，身心疲惫地回到家。简单洗漱后，她坐在床边拿起手机，看到江晨发来的消息。此前两人在一次行业交流活动中有过一面之缘，当时江晨幽默风趣的谈吐给马艳留下了不错的印象。

一般回应：

马艳：哈喽。

江晨：哈喽，在干吗？（略显平淡）

高情商回应：

马艳：哈喽。

江晨：哇，我刚收到一道神秘电波，原来是你发来的问候。有什么指示，女王大人？

马艳：哈哈，你真有意思！

3. 以假设式好奇激发分享欲

对话场景：工作日的傍晚，李萱在公司忙完手头的工作，正准备收拾东西下班。这时，她看到王宇在工作群里发的几条消息，突然心血来潮，想和他私下聊聊。王宇此时也刚结束会议，坐在办公桌前打开手机，看到李萱发来的消息，决定主动打破僵局。

一般回应：

王宇：今天过得怎么样？

李萱：还行。（对话难以继续深入）

高情商回应：

王宇：我猜你今天的经历一定能写成一本精彩的小说，快和我分享一下，满足一下我的好奇心。

李萱：哈哈，哪有那么夸张，不过今天确实有点儿小趣事……

4. 巧用情感关联传递温暖

对话场景：清晨,叶琳洗漱完,坐在餐桌前准备吃早餐。她顺手打开手机,看到了张阳发来的消息。两人此前在一次兴趣小组的活动中有过简短的交谈,彼此印象还算不错。

一般回应：

叶琳：早。

张阳：早,吃了吗?(常规问候)

高情商回应：

张阳：早哇,我感觉今天的阳光都没你这句"早"温暖,美好的一天从和你打招呼开始啦。

叶琳：嘴真甜。

5. 借助事物联想引出话题

对话场景：周末晚上,赵雅窝在沙发里看电影,正看到精彩处,突然想到刘轩,猜想他应该也会喜欢这部电影,便想借此开启对话。刘轩此时正无聊地刷着手机,看到赵雅发来的消息,很是惊喜。

一般回应：

赵雅：你喜欢看电影吗?

刘轩：还行。(话题很难延续)

高情商回应：

赵雅：我觉得电影就像一场奇妙的时空旅行,我最近发现一部超有趣的电影,你有没有兴趣和我一起"穿越"?

刘轩：哦,什么电影,你快说说。

用土味情话反套路：
撩得TA耳尖泛红的秘密配方

在与异性聊天儿时，土味情话就像一瓶神奇的调味剂，用对了能让彼此之间的氛围瞬间升温，拉近彼此的距离。别小瞧这看似简单的几句甜言蜜语，它们往往蕴含着独特的魔力，能打破陌生与拘谨，开启一场浪漫有趣的对话。但要巧妙运用，避免生硬，接下来就让我们一起探索其中的奥秘。

场景再现

在热闹的商场里，晓峰和心仪的女生一起逛街。女生看到一家饰品店，眼睛亮了起来。晓峰想逗她开心，就说："你看这家店的东西好可爱呀。"女生点点头说："是呀，都好精致。"晓峰绞尽脑汁，憋出一句："那你知道你和这家店有什么共同点吗？"女生疑惑地看着他，晓峰紧张地说："你们都很可爱。"女生只是礼貌地笑了笑，没有太大的反应，晓峰意识到自己的土味情话太老套了，不仅没能达到预期的效果，还让两人之间的气氛变得有点儿尴尬。

试着这样沟通

晓峰看到女生对饰品店很感兴趣，笑着说："你知道这家店和你有个超级

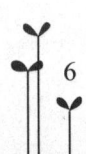

大的共同点吗?"女生好奇地问:"什么共同点?"晓峰一本正经地说:"这家店的东西都很精致,就像你一样。而且我发现,自从遇到你,我的血糖都不正常了。"女生疑惑地歪着头问道:"为什么呢?"晓峰接着说:"因为你太甜啦,甜到让我血糖飙升。"女生听后,脸瞬间红了,轻轻打了他一下,娇嗔道:"就你会贫嘴。"但她的嘴角却止不住地上扬,两人之间的氛围也因此变得更加甜蜜。

能说会道

土味情话看似简单,实则蕴含着巧妙的社交艺术。只要运用得当,它能让交流氛围瞬间升温,帮助你走进对方的内心。接下来让我们通过不同的对话场景,一起探寻如何运用土味情话,让你和心仪的TA迅速拉近关系,展开一段甜蜜的交流。

1. 日常场景开启甜蜜攻势

对话场景:晚上,小悠和新添加的异性好友浩然在微信上聊天儿,小悠刚结束一天的工作,正准备休息。

一般回应:

小悠:今天好累呀。

浩然:那就早点儿休息吧。(对话难以继续)

高情商回应:

小悠:今天好累呀。

浩然:怪不得我心里突然觉得空落落的,原来是因为我的心跑去给你分担疲惫啦。

2. 兴趣话题融入土味情话

对话场景：周末，朱珍在朋友圈分享了一幅自己画的画儿，新认识的异性家豪看到后发消息询问。

一般回应：

家豪：你这画儿画得挺好哇。

朱珍：谢谢，就是业余爱好。

高情商回应：

家豪：你这画儿里少了点儿东西。

朱珍（疑惑）：少了什么？

家豪：少了我对你的欣赏，这么好看的作品，我得好好欣赏欣赏。

3. 节日氛围下的土味表达

对话场景：情人节的晚上，雨桐收到新认识的异性逸飞发来的消息。

一般回应：

逸飞：情人节快乐。

雨桐：谢谢，你也是。

高情商回应：

逸飞：今天这个日子，连空气里都弥漫着甜甜的味道，你猜是为什么？

雨桐（好奇）：为什么？

逸飞：因为你出现在了我的生活中，每一天都像情人节一样甜蜜。

4. 偶然事件触发土味互动

对话场景：某天，宇杰在商场偶然遇到新认识的异性诗涵，两人

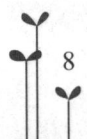

打过招呼后开始闲聊。

一般回应：

宇杰：真巧哇，在这里碰到你。

诗涵：是呀，好巧。

高情商回应：

宇杰：我就说今天眼皮怎么一直跳，原来是要遇到你这个小幸运星。

诗涵：你可真会开玩笑。

宇杰：不是开玩笑，是真心话，既然这么有缘，一起去喝杯咖啡怎么样？

5. 具象化情感表达爱意

对话场景： 林晓和陈辉约会结束后，正坐在公园的长椅上，一边欣赏着夜景，一边在微信上聊天儿。陈辉想拉近与林晓的关系，于是思索着用独特的方式表达心意。周围的路灯散发着柔和的光，偶尔有微风吹过，带来一丝凉意。

一般回应：

陈辉：你知道我想成为什么吗？

林晓：什么？

陈辉：我想成为你的人。（稍显生硬）

高情商回应：

陈辉：你知道我想成为什么吗？

林晓：什么？

陈辉：我想成为你的感冒药，在你不舒服时默默守护你，给你温暖。

林晓：哈哈，你这套路有点儿特别。

能说会道

自黑式调情：
把"社死现场"变成心动现场

在与异性的聊天儿互动中，难免会遭遇一些令人尴尬的瞬间，可千万别让这些尴尬时刻成为双方交流的阻碍。有一种神奇的沟通技巧——自黑式调情，它像魔法一样，能把尴尬的社死现场转化为心动现场，让彼此的关系更上一层楼。这可不是简单的自我贬低，而是以幽默和豁达的态度展现真实的自己，迅速拉近与对方的距离。

场景再现

在朋友组织的一场聚会上，林骁一直想找机会在喜欢的女生岚岚面前好好表现一番。他灵机一动，决定表演一个精心准备的魔术，满心期待能借此给岚岚留下深刻印象。

表演开始，林骁既紧张又兴奋，可意外突然发生，魔术道具竟然不受控制，"啪"的一声掉在了地上。刹那间，周围的朋友发出一阵阵哄笑声。林骁瞬间尴尬到了极点，脸涨得通红，恨不得找个地缝钻进去。岚岚也被这突如其来的状况弄得不知所措，只能勉强挤出一丝尴尬的笑容。

林骁觉得自己在岚岚面前丢尽了脸，满心懊恼，根本不敢再主动和岚岚说话。原本欢乐的聚会气氛也变得沉闷压抑起来，林骁一直沉浸在懊恼之中，心里不断埋怨自己。

试着这样沟通

魔术失误后，林骁笑着说："看来我的魔术天赋还在来的路上，大概是被路上的美食给绊住了，哈哈！不过这恰恰证明了我只是个凡人，会犯错，不像岚岚，在我眼里完美得就像仙女一样，做什么都不会出错。"岚岚听后，被他的自黑和夸赞逗笑了，说："我哪有你说得那么好，你这个魔术虽然失误了，但也很有创意呀。"林骁接着说："那下次我专门为你表演一个不失误的魔术，要是再失误，我就罚自己给你买一个月的奶茶。"岚岚笑着点头，两人又愉快地聊了起来，气氛也变得轻松愉快。

能说会道

自黑式调情的关键在于拿捏好幽默与真诚的分寸，把那些容易让人尴尬的瞬间巧妙转化为增进双方感情的催化剂。接下来，通过不同场景，带你领略如何在与异性交流时运用这一技巧，把社死现场变成心动现场。

1. 借助意外归因化解尴尬

对话场景：陈飞和娜娜第一次正式约会，他们在一家高档西餐厅用餐。餐厅里环境优雅，周围的客人轻声交谈着。由于紧张，陈飞不小心碰倒了桌子上的饮料杯，杯中的液体洒了出来，弄湿了桌布。

一般回应：
陈飞（尴尬）：哎呀，真倒霉。
娜娜：没事吧。（略显尴尬）

高情商回应：

陈飞（俏皮）：看来我今天是被调皮的丘比特绊了一脚，连杯子都被我这紧张的气场吓倒了。

娜娜：哈哈，你太逗了，没事。

2. 将劣势转化为独特优势

对话场景：苏沫和江晨在 KTV 唱歌，包厢里灯光闪烁，音乐声环绕。苏沫性格开朗，主动拿起话筒高歌一曲，然而由于选的歌曲难度较大，她唱得有些跑调。唱完后，她有些不好意思地看向江晨。

一般回应：

苏沫（害羞）：唱得不好听，你别笑话我。

江晨：确实不太好听。（气氛冷场）

高情商回应：

苏沫（害羞）：唱得不好听，你别笑话我。

江晨：你这歌声太有个性了，我感觉它能打破常规，说不定能引领一种新的音乐潮流，我已经是你的忠实粉丝了。

苏沫：你就会安慰我。

3. 以自嘲展现豁达态度

对话场景：张宇为了给王瑶惊喜，准备在她面前展示自己新学的魔术。在王瑶的房间里，张宇布置了一些装饰，充满了浪漫的氛围。结果表演过程中，张宇由于紧张导致道具掉落，失误不断。

一般回应：

张宇（沮丧）：完了，这次出丑了。

王瑶：没关系。（氛围平淡）

高情商回应：

张宇（自嘲）：我这才艺表演简直堪比"车祸现场"。看来我还是太想在你面前表现自己，用力过猛了，不过下次我一定能惊艳到你。

王瑶：哈哈，期待你的下次表演。

4. 运用幽默想象缓和气氛

对话场景：公园里绿树成荫，鲜花绽放。赵琳穿着高跟鞋，正开心地和刘阳聊天儿，突然被一颗石子绊倒。

一般回应：

赵琳（尴尬）：好丢人。

刘阳：快起来，没事吧。（虽体现了关心，但缺乏趣味）

高情商回应：

赵琳（尴尬）：好丢人。

刘阳：一定是大地忌妒你太耀眼，想把你留住，还好我及时出现。来，我扶你起来，下次咱们走慢点儿，让大地也欣赏欣赏你的美。

赵琳：你真会说话。

5. 借助诙谐理由寻求原谅

对话场景：陈宇和晓晓在一家环境安静的咖啡馆里聊天儿，周围弥漫着咖啡的香气。陈宇不小心说错话，提到了晓晓不愿意提及的往事，晓晓的脸色瞬间变得阴沉。

一般回应：

陈宇（懊悔）：我嘴笨，说错话了。

晓晓：哼。（关系紧张）

高情商回应：

陈宇（卖萌）：我这脑子一定是被"爱情病毒"入侵了，连话都说不好了。你大人有大量，原谅我这只笨嘴拙舌的"小怪兽"吧。

晓晓：看你这么会说，原谅你了。

能说会道

话题急救包：
4个让聊天儿永不冷场的万能梗

在与异性聊天儿时，有时气氛会突然陷入尴尬，就像行驶的汽车突然抛锚，让人不知所措。掌握一些万能梗就如同拥有神奇的修理工具，能帮助你轻松打破冷场尴尬，让交流恢复通畅。这些万能梗并非刻意讨好，而是基于真诚与尊重，为彼此的沟通搭建一座既稳固又充满趣味的桥梁。

场景再现

在相亲聚会上，阿强和对面的女生隔着一张桌子相对而坐。暖黄色的灯光洒在两人身上，可气氛却不怎么热络。刚开始，阿强有些紧张，简单地介绍了自己在公司做技术方面的工作，平时爱打篮球、看电影后，他就像断了线的风筝，不知道该聊些什么话题了。

女生微微低着头，手指在手机屏幕上轻轻滑动。阿强看着女生的动作，心里像有无数只蚂蚁在爬，急得不行，担心这次相亲"黄"了。他硬着头皮，努力挤出一个笑容，问道："你平时喜欢做什么呀？"女生闻声抬起头，简单地回了句"喜欢看书"后，两人又陷入了沉默。阿强感觉自己的手心都开始冒汗了，他用手在裤子上蹭了蹭，脑子飞速运转，想着如何打破这尴尬的局面。

试着 这样沟通

阿强看到气氛有点儿尴尬,笑着说:"我发现现在很多人有一个共同的'毛病',就是手机依赖症,你是不是也一样,有时候不看手机就觉得少了点儿什么?"女生听后,抬起头笑了笑,说:"是呀,感觉手机已经成为生活中必不可少的东西了。"阿强接着说:"我原来也是这么想的,不过我最近在尝试减少玩手机的时间,去做一些更有意思的事,比如学做饭,结果做出来的黑暗料理把我自己都吓到了,你有没有类似的做饭翻车经历?"女生听后兴致勃勃地说起了自己做饭时的趣事,两人的话题越来越多,气氛也变得轻松愉快。

能说会道

在与异性聊天儿时,冷场就像一场不期而至的暴风雨,能够瞬间浇灭交流的热情。但别担心,只要掌握了万能梗这个"话题急救包",就能随时化险为夷,让聊天儿始终保持在温馨又有趣的氛围中。下面就让我们一起来看看这4个让聊天儿永不冷场的神奇"话题急救包"吧。

1. 结合天气拓展休闲话题

对话场景:周六上午,阳光明媚。程瑶和钱雷在微信上闲聊,程瑶坐在窗边,享受着阳光。钱雷看到窗外的好天气,决定以此为话题展开对话。

一般回应:
钱雷:今天天气不错。

能说会道

> 程瑶：嗯，是挺好的。（话题即将终结）
>
> **高情商回应：**
>
> 钱雷：今天天气真不错，这么好的天气，要是能去郊外野餐，再带上几本有趣的书，简直是完美的一天，你喜欢野餐吗？
>
> 程瑶：喜欢哪，我还喜欢在野餐时拍照呢。

2. 围绕爱好深挖细节

> **对话场景：** 晚上，李涵和江晨在微信上聊天儿。李涵靠在床头，手机屏幕照亮了她的脸。她想多了解江晨，便询问起他的爱好。江晨此时正坐在书桌前，准备和李涵畅聊一番。
>
> **一般回应：**
>
> 李涵：你平时有什么爱好？
>
> 江晨：打游戏。
>
> 李涵：哦。（对话难以推进）
>
> **高情商回应：**
>
> 李涵：你平时有什么爱好？
>
> 江晨：我平时喜欢打游戏，最近在玩一款策略游戏，里面的剧情特别烧脑，感觉像在经历一场冒险，你有没有玩过类似的游戏？
>
> 李涵：没有呢，不过听起来很有意思，你给我讲讲。

3. 借助影视剧类型引发兴趣

> **对话场景：** 周末晚上，孙璇和吴海洋在微信上闲聊打发时间。孙璇躺在沙发上，一边刷手机一边想着找点儿有趣的话题。吴海洋坐在客厅，同样百无聊赖。孙璇想找个共同话题，于是询问吴海洋对电视剧的喜好。

情感篇　和异性聊天儿的黄金法则

一般回应：

孙璇：你喜欢看电视剧吗？

吴海洋：还行。

孙璇：那你喜欢看什么类型的电视剧？

吴海洋：都可以。（对话陷入僵局）

高情商回应：

孙璇：你喜欢看电视剧吗？

吴海洋：喜欢哪，你有什么推荐吗？

孙璇：我最近发现一部悬疑剧，剧情反转不断，每次看都会让我心跳加速，感觉像坐过山车一样，你会不会对这种刺激的悬疑剧感兴趣？

吴海洋：听起来不错，这部剧叫什么名字？

4. 以日常趣事作为话题引子

对话场景： 傍晚，赵琳下班回家，走在小区的路上，夕阳的余晖洒在身上。她在微信上和刘阳分享一天的感受，并询问刘阳的情况。刘阳此时刚下班，坐在公交车上，看着手机。

一般回应：

赵琳：你今天过得怎么样？

刘阳：还行。

赵琳：哦。（气氛沉闷）

高情商回应：

赵琳：你今天过得怎么样？

刘阳：还行，今天上班路上遇到一只超级可爱的流浪猫，它的眼睛像宝石一样，我都想把它带回家了，你喜欢猫吗？

赵琳：我超喜欢猫的，快给我讲讲那只猫。

能说会道

诚恳回应：
化解冲突，走向共情深处

语言是一把"双刃剑"，在冲突中，脱口而出的"你从来都不在乎我"能像利剑一样刺伤彼此，而一句"我需要你的理解"却能成为缝合裂痕的针线。心理学研究显示，90%的亲密关系危机源于"错频对话"——我们急于自我辩护，却关闭了共情通道。诚恳回应不是认输，而是用"我看见你"的姿态，在情绪风暴中搭建理性与温情的平衡木。

场景再现

深夜，林薇拖着疲惫不堪、仿佛灌了铅的身躯，缓缓打开家门。她满心期待能在温馨的家中消除一天的劳累，可当走进书房，她一眼便瞧见丈夫张明又把咖啡杯直接放在新买的实木书桌上，深色的咖啡渍已经渗入桌面，在灯光下显得格外刺眼，这让她的心瞬间揪紧。

林薇怒火中烧，忍不住脱口而出："说过一百次了！你眼里根本就没有这个家！"张明原本也因熬夜赶项目而满心疲惫，听到这话，不禁皱眉反击："我熬夜赶项目不是为了这个家？你只会挑剔！"两人的争吵声越来越大，很快惊醒了睡梦中的孩子，孩子的哭声让整个家陷入混乱与紧张的氛围。

试着 这样沟通

林薇指着污渍轻声说:"这桌子是我们一起挑的,我特别珍惜。"

张明听到这话,先是愣了一下,随即脸上涌起愧疚之色,说道:"是我太粗心了,明天我买木器修复膏来处理好吗?"

林薇见此,递过一张湿巾,温柔地说:"最近你总是加班到凌晨,压力很大吧?"

张明接过湿巾,心中满是感动,一场即将爆发的家庭大战就此平息,家中又恢复了往日的温馨。

能说会道

在情感对话领域,每一次交流都恰似两颗心之间细腻而微妙的触碰,蕴含着重塑关系、增进情感的无限可能,而诚恳回应宛如一把神奇钥匙,能巧妙化解冲突,引领双方走向共情的温馨深处。下面让我们一起来看看如何通过诚恳回应,化解情感沟通中的冲突吧!

1. 卸下铠甲,听见未说出口的呐喊

对话场景:周末的午后,阳光慵懒地洒进客厅。李明浩坐在沙发上专注地打游戏,一旁的妻子雅琳拿着拖把,看着满地的杂物,眉头紧皱。她已经忙碌了一上午,而李明浩却似乎对家里的杂乱视而不见。

一般回应:

雅琳:你就知道打游戏!我做家务这么辛苦,你却什么都不管!

李明浩:我工作一周也很累,玩会儿游戏怎么了?你别无理取闹!

高情商回应：

雅琳：老公，我今天打扫了一上午，有点儿累了。我知道你工作也很辛苦，不过看到家里乱糟糟的，我心里就有些着急，我希望我们能一起让这个家变得更温馨，你能理解我吗？

李明浩：老婆，对不起，我没注意到你的辛苦，我这就和你一起收拾。

2. 用"我们"代替"你"，化对立为同盟

对话场景：傍晚，厨房内油烟弥漫。赵刚在一旁帮忙洗菜，妻子孙婷在炒菜，两人配合着准备晚餐。孙婷发现赵刚洗好的菜还带着泥。

一般回应：

孙婷：你怎么洗的菜？这上面还有泥呢，你做事能不能认真点儿！

赵刚：我又不是专业洗菜的，洗成这样已经很不错了，你别挑三拣四的！

高情商回应：

孙婷：老公，咱们都想把这顿晚餐做得美味又干净，一起看看怎么能把菜洗得更干净，下次再做就更顺手啦。

赵刚：好嘞，老婆，我再仔细洗洗，你也给我讲讲诀窍。

3. 复述+确认，给情绪安装降落伞

对话场景：夜晚，卧室里。刘梅和丈夫陈辉坐在床边，刘梅一脸委屈地向陈辉诉说着今天在公司遇到的烦心事，她做的方案被领导批评了。

一般回应：

陈辉：不就是被领导批评了嘛，别太在意，下次做好就行了。

刘梅：你根本就不关心我！

高情商回应：

刘梅：今天我精心准备的方案被领导批评了，心里好委屈。

陈辉：我能理解你现在的心情，要不咱一起分析分析你做的方案，看看问题出在哪里。

刘梅：嗯，听你这么说，我心里舒服多了，那咱们一起看看方案吧。

4. 脆弱表达，让防御冰层消融

对话场景： 周末婉茹和男友昊然坐在公园的长椅上。因为最近昊然总加班，很少有时间陪婉茹，两人闹得有些不愉快。

一般回应：

婉茹：你整天就知道加班，你心里到底有没有我？你是不是不在乎我们这段感情了？

昊然：我加班还不是为了我们的未来，你怎么这么不理解我！

高情商回应：

婉茹：昊然，最近你总加班，我一个人待着的时候特别想你，感觉自己好像被冷落了，心里空落落的。我知道你加班是为了我们以后的生活能更好，可我真的特别需要你的陪伴，你能不能多抽点儿时间陪陪我呢？

昊然：宝贝，对不起，是我忽略了你的感受。以后我一定合理安排工作，多陪陪你。

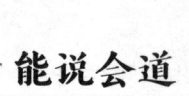
能说会道

幽默化解翻车现场：
说错话时的 3 秒救场术

在与异性的交流过程中，难免会有说错话的尴尬时刻，它们就像在情感道路上突然遭遇的颠簸。而此时，巧妙运用幽默化解尴尬就如同给颠簸的旅程铺上一层柔软的缓冲垫，让交流重新回到顺畅愉悦的轨道。接下来让我们一起看看当说错话时，如何在 3 秒内救场。

场景再现

在公司的团建活动上，大家围坐在一起，欢声笑语不断。小周见同事小李换了个新发型，就想夸一夸他，拉近一下彼此的关系。没承想，话一说出口就变了味儿："小李，你这个新发型看起来怎么有点儿像我家楼下的大爷呢？"

这话像一颗投入平静湖面的石子，周围的人一下都愣住了，原本热闹的讨论声戛然而止。小李脸上的笑容也僵住了，脸色变得很难看，脸上满是尴尬与不悦。小周刚说完就后悔了，心里"咯噔"一下，像被重锤敲了一样，他意识到自己说错话了。他心里慌得不行，两只手不自觉地揪着衣角，脑子飞速运转，却怎么也想不出补救的办法。场面一下冷了下来，尴尬的气息弥漫开来。

试着这样沟通

小周意识到说错话后，立刻笑着说："哎呀，我的表达有误，其实我是想说你这个新发型透着一种成熟稳重的气质，就像那些德高望重的大爷一样，很有魅力。而且我家楼下的大爷可是我们小区里的时尚先锋，你这个发型和他的品位一样，走在时尚前沿呢。"小李听后，脸上的尴尬消失了，笑着说："哈哈，你这话说的，不过看在你这么会圆场的分儿上，我就不跟你计较了。"周围的人也都笑了起来，气氛又变得轻松愉快。

能说会道

说错话就如同突如其来的插曲，一不小心便可能让气氛陷入僵局。但别担心，只要掌握了3秒救场术，我们就能化险为夷，将尴尬转化为增进感情的契机。接下来让我们一起来看看具体的应对技巧吧。

1. 运用自嘲化解尴尬

对话场景：晚上，嘉豪和诗涵在餐厅约会。嘉豪想在诗涵面前夸赞自己的厨艺，便说道："我做饭可好吃了，以后有机会做给你尝尝，绝对能抓住你的胃。"诗涵好奇地问："那你最拿手的菜是什么呀？"嘉豪自信满满地回答："糖醋排骨，我做的那叫一个绝，上次我自己做，结果吃了一半就吃不下了，太腻了。"话音刚落，嘉豪就后悔了，意识到自己说错话了。

一般回应：

诗涵：啊，那还叫好吃呀。（气氛略显尴尬）

高情商回应：

嘉豪：哈哈，你可别笑我，我这是故意给下次做饭留个进步空间。我保证下次做的糖醋排骨让你吃了还想吃，要是不好吃，我就罚自己吃三碗米饭。

诗涵：哈哈，行，那我可就期待你的厨艺啦。

2. 巧妙转移话题焦点

对话场景：周末，逸飞和雨薇在商场购物。逸飞看到一件衣服，对雨薇说："这件衣服挺适合你的，就是颜色太老气了。"雨薇听了有点儿不太高兴，心想难道自己看起来很老气吗？逸飞马上察觉到自己失言了。

一般回应：

逸飞：我不是那个意思。（越解释越尴尬）

高情商回应：

逸飞：哎呀，我刚刚说的老气是说这个颜色在这件衣服上没发挥出它的魅力，要是给你量身定制一件同款式不同色系的，肯定超好看。对了，我听说前面有家甜品店很不错，我们去尝尝？

雨薇：好吧，那去看看。

3. 用夸张幽默圆场

对话场景：中午，梓豪和思瑶在办公室聊天儿。梓豪聊起自己最近在减肥，说："我已经一周没吃主食了，感觉自己瘦了好多，说不定再坚持几天，我就能瘦成一道闪电了。"思瑶笑着说："你可拉倒吧，就你还瘦成闪电，那闪电不得胖成气球哇。"说完，思瑶就后悔自己说话太直接了。

一般回应：

思瑶：对不起呀，我是开玩笑的。（气氛有点儿僵）

高情商回应：

思瑶：哈哈，别介意，我就是忌妒你减肥的毅力嘛，要是我瘦成闪电，估计一阵风就能把我吹跑咯。你可不一样，瘦下来肯定超有型，说不定到时候走在路上，女生都得追着你跑。

梓豪：哈哈，你这话说得我都不好意思了。

4. 巧用谐音转移焦点

对话场景：在朋友的聚会上，灯光闪烁，音乐轻快。大家围坐在一起聊天儿，张阳想夸赞朋友晚秋今天的穿搭很漂亮，结果一紧张说成了"晚秋，你今天穿得好'奇怪'呀"，话一出口，现场气氛瞬间尴尬起来。

一般回应：

张阳（懊悔）：哎呀，我不是那个意思，我嘴笨。

众人（尴尬地笑）：……

高情商回应：

张阳（立刻反应）：哈哈，我是说你今天穿得好"奇，怪好看"的！这风格太独特了，一下就把我看蒙了，都不知道该怎么形容了，你们说对不对？

众人（大笑）：对对对，确实好看！

晚秋（笑着回应）：你这断句，吓我一跳。

黄金话术集锦

1. 破冰神操作：让 TA 笑出鹅叫的微信开场白

① 我猜你今天一定偷喝了蜂蜜，不然为什么我的心突然变得这么甜？
② 你知道我为什么总迷路吗？因为有你在的地方风景太迷人了，我老是找不着北。
③ 我刚发现一个秘密，你和星星很像，都让我忍不住一直看。
④ 你一定是魔术师，不然为什么我一看到你，心跳就变了节奏。
⑤ 我怀疑你是 Wi-Fi 信号，不然我怎么一靠近你，就满格心动。
⑥ 你今天是不是吃了跳跳糖，我的视线怎么一直跟着你蹦跶。
⑦ 我觉得你像个小太阳，照亮了我平淡的聊天儿界面。
⑧ 你是不是会读心术，我刚想找你聊天儿，你就发来了消息。
⑨ 我觉得你像一本书，不光封面吸引我，内容更让我着迷。
⑩ 你一定是上天派来的小精灵，不然怎么能让我的心情瞬间变好。

2. 用土味情话反套路：撩得 TA 耳尖泛红的秘密配方

① 你知道我的缺点是什么吗？缺点你在我身边。
② 我一点儿也不想你，一点半再想。
③ 我是九你是三，除了你还是你。
④ 你知道我为什么老是摔跤吗？因为被你的美丽绊倒了。
⑤ 你知道我喜欢吃什么吗？我喜欢痴痴地望着你。
⑥ 我生在南方，活在南方，栽在你手里，总算是去过不一样的地方了。
⑦ 甜有 100 种方式，有吃糖、吃蛋糕，还有每天想你 98 次。
⑧ 你摸摸我的衣服，是不是做你男 / 女朋友的料子。
⑨ 你知道我的心在哪边吗？左边？错，在你那边。
⑩ 我最近有点儿忙，忙着喜欢你。

3. 自黑式调情：把"社死现场"变成心动现场

① 我今天做了一件超傻的事，把洗面奶当成牙膏了，我这迷糊样，在你面前都藏不住了。

② 我唱歌简直就是灾难现场，不过要是你想听，我愿意为你豁出去一回。

③ 我最近在学做饭，把厨房搞得乌烟瘴气，你可别嫌弃我，说不定以后我能做出好吃的菜给你吃。

④ 我游戏玩得特别差，不过要是和你一起玩，我觉得我能超常发挥。

⑤ 我刚刚出门忘记带钥匙了，像个傻瓜一样在门口等室友，还好你没看到我这迷糊劲儿。

⑥ 我画画儿就是幼儿园水平，要是给你画肖像，估计连你都认不出自己。

⑦ 我跳舞完全没有节奏感，不过要是和你跳，说不定能跳出别样的欢乐。

⑧ 我今天走路撞到电线杆了，都怪你太迷人，让我走路都分心。

⑨ 我的普通话说得不标准，老是闹笑话，不过和你说话，我就不怕出丑啦。

⑩ 我学骑自行车时老是摔倒，要是你在旁边给我加油，我肯定能很快学会。

4. 话题急救包：10个让聊天儿永不冷场的万能梗

① 你最近有没有发现什么特别有趣的电影，我正愁没新片看呢，快给我推荐一下。

② 我听说最近有家超火的美食店，你有没有去打卡？

③ 你有没有养宠物哇？我觉得小动物都特别可爱，它们肯定给你带来了不少欢乐吧！

④ 要是能拥有一项超能力，你希望是什么？我想了好久都想不出来。

⑤ 如果可以穿越，你想去古代还是未来？我觉得每个时代都有它的独特

魅力。

⑥ 你喜欢看什么类型的小说，是言情、科幻还是悬疑？我最近"书荒了"。

⑦ 我最近迷上了做手工，你有没有尝试过做一些小物件，做完会特别有成就感。

⑧ 你有没有特别想去旅游的地方？我想去海边，感受海风和阳光。

⑨ 你平时有什么兴趣爱好哇？说不定我们有共同的爱好，可以一起玩。

⑩ 如果能和一位名人共进晚餐，你会选谁？我觉得这肯定很有意思。

5. 诚恳回应：化解冲突，走向共情深处

① 我知道刚刚我的话说得可能有些过分了，我真的很后悔，我不是故意的，你别往心里去。

② 你现在肯定特别委屈，我能理解你的感受，是我没有考虑周全，我向你道歉。

③ 我明白你为什么生气，要是我处在你的位置，可能也会这样，是我做得不好。

④ 刚刚是我太冲动了，没有控制好自己的情绪，你能原谅我吗？

⑤ 我知道这次是我的错，给你带来了伤害，我该怎么弥补你呢？

⑥ 我能感受到你现在的难过，我也很难过，都是我的问题，希望你能消消气。

⑦ 我仔细想了想，是我之前的做法让你误会了，现在我向你解释清楚，希望你能相信我。

⑧ 你生气是应该的，是我没有遵守我们之间的约定，真的很对不起，以后我不会再这样了。

⑨ 我知道我让你失望了，我会努力改正，你再给我一次机会好不好？

⑩ 刚刚我没有站在你的角度思考问题，我错了，你能跟我说说你的想法吗？

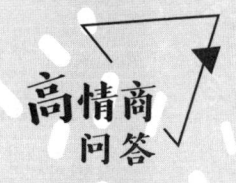

1. 当另一半说：你为什么不回信息？

   高情商回答：爱你无需多言。

2. 当另一半说：你爱不爱我？

   高情商回答：以后别问这种问题，有变动我会通知你的。

3. 当男士说：你真漂亮。

   另一半说：嘴这么甜，你会发大财的。

4. 当另一半说：我昨晚梦到你了。

   高情商回答：麻烦结一下出场费，谢谢。

5. 当另一半说：你最近怎么样？

   高情商回答：最近手头有点儿紧，能不能借你的手牵牵？

6. 当另一半说：你忙不忙？

   高情商回答：有点儿忙，但不影响我想你。

7. 当男士说：你的衣服真好看。

   另一半说：谢谢，因为今天要见你，所以我穿得好看一点儿。

8. 当另一半说：吃饭了吗？

   高情商回答：光顾着想你，哪有心思吃饭。

9. 当另一半说：到家了吗？

   高情商回答：没你的地方怎么能叫家呢？

10. 当另一半说：你为什么喜欢我？

    高情商回答：心决定的东西，嘴解释不了，这个答案太长，我想用余生来回答你。

11. 当别人夸你聪明时。

    高情商回答：近朱者赤，和你待得久了，自然就有长进。

12. 当别人夸你酒量好时。

　　高情商回答：酒量好不好，那得看跟谁喝。跟您喝心情好，状态肯定就不一样了。

13. 当别人说你个子有点儿矮时。

　　高情商回答：没办法，都是被颜值给压的。

14. 当别人说你今天穿的衣服漂亮时。

　　高情商回答：这不是今天要见你吗，所以穿得好看一些。

15. 当有人问你多大了时。

　　高情商回答：大家都说我看上去像18岁，大概和你一样大。

16. 当别人夸你有气质时。

　　高情商回答：我这点儿气质，与你的眼光比起来根本不值一提。

17. 当别人给你发了个红包时。

　　高情商回答：心意和钱，我就捡更贵重的收下，红包我就不领了，谢谢！

18. 当别人问你更喜欢领导 A 还是领导 B 时。

　　高情商回答：对领导怎么能叫喜欢呢？那得叫尊敬，两位领导我都尊敬。

19. 当客人说菜点多了时。

　　高情商回答：您是重要的客人，当然要好好招待，也不知道这些菜合不合您的口味。您尝尝看，不合适咱再换。

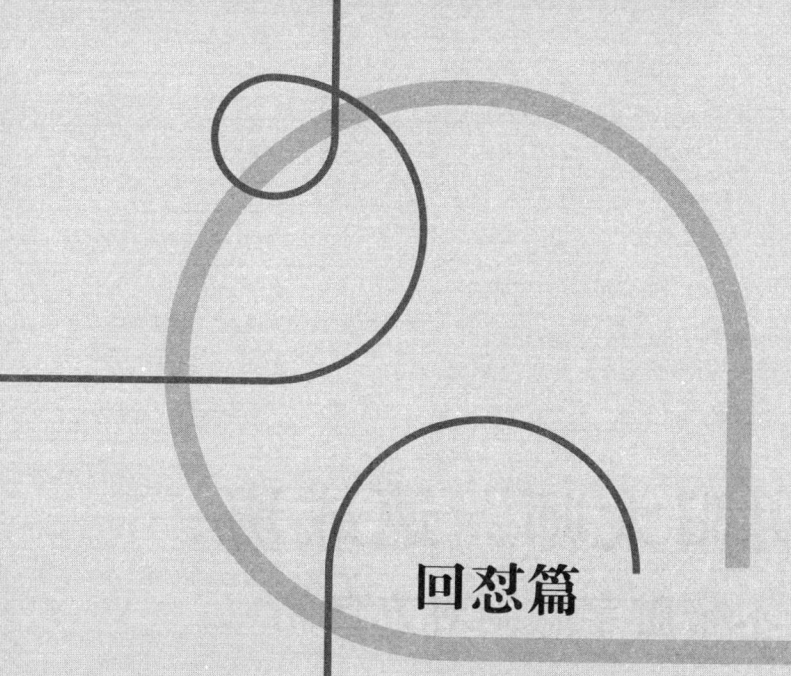

回怼篇

一句话秒杀对方的技巧

生活中,我们难免会遭遇他人不友好的言语攻击,此时掌握回怼的技巧就显得尤为重要。它不是简单的争吵,而是智慧的博弈。学会阴阳怪气,不带脏字就能让对方自惭形秽;面对亲戚的拷问、同事的挖坑、"杠精"的抬杠,巧妙运用话术,化被动为主动,把羞辱变成笑点,让刁难者无计可施。这些回怼技巧能让你在面对恶意时进行有力反击,维护自身尊严,轻松应对各种言语困境。

能说会道

"阴阳大师"速成班：
不带脏字怼到对方自闭

在人际交往中，我们难免会遇到一些言语冒犯或是让我们感觉不舒服的情况。此时，巧妙的回怼就如同防身的武器，既能保护自己，又能展现高情商与智慧。阴阳怪气的回怼技巧能让你在不说脏话的前提下，让对方哑口无言。接下来就让我们一起走进"阴阳大师"速成班，学习如何不带脏字就能怼到对方自闭！

场景再现

办公室里，同事小王看到小张穿了一件新衣服，阴阳怪气地说："哟，小张，你这衣服可真特别呀，不知道的还以为你是从哪个年代穿越过来的呢。"小张听后，心里很不舒服，但又不知道该怎么反驳，只能尴尬地笑了笑。小王看到小张的反应后，更加肆无忌惮，继续说："不过也挺符合你的风格啦，你总是这么与众不同。"此话一出，周围的同事都看着小张，小张觉得很没面子，又不知道该怎么回怼，心里对小王非常不满。

回怼篇　一句话秒杀对方的技巧

试着这样沟通

小张笑着说:"小王,真羡慕你这么有眼光,一下子就看出我这件衣服的独特之处。不像有些人,只能看到表面,却不懂什么是真正的时尚。而且我觉得每个人都有自己的风格,不像某些人只会随波逐流,没有自己的个性。不过还是谢谢你的'夸奖'啦,我会继续保持我的风格的。"小王听后,脸色瞬间变得很难看,无话可说。周围的同事都对小张投来了赞赏的目光,回怼后小张也觉得心里舒服多了。

能说会道

当遭到他人的冒犯或无端指责时,我们无须恶语相向,只需要掌握阴阳怪气的回怼技巧,便能以柔克刚。下面这些实用妙招儿,能使你不带脏字,却怼得对方心服口服,让他们瞬间"自闭"。

1. 正话反说,暗藏锋芒

对话场景:健身房里,你正专注地锻炼,旁边的人却一直大声喧哗。你礼貌提醒后,对方不仅没收敛,还不屑地说:"哟,这健身房又不是你家开的,你管这么多干吗?"

一般回怼:这不是公共场合吗?你有点儿素质行不行!

高情商回怼:对呀,幸好不是我家开的,不然像你这么没素质的人,我可不敢让你进来,毕竟我还想好好做生意呢。

2. 类比夸张，凸显荒谬

对话场景：在讨论会上，你精心准备的方案被同事小张批评得一无是处，她还说："就这方案，小学生都能做得比你好。"

一般回怼：你行你上啊，光会说风凉话！

高情商回怼：哟，你这要求可真高，按照你这标准，小学生都能当行业专家了，那咱们这些人还混什么呀，都回家去当小学生得了。

3. 表面赞美，实则讽刺

对话场景：你穿着新衣服去上班，同事小王阴阳怪气地说："哟，你这衣服可真'好看'，一般人可穿不出这效果。"

一般回怼：你什么意思呀，不会说话就别说！

高情商回怼：还是你懂欣赏，这衣服就等着像你这样有"独特眼光"的人来夸呢，不然都埋没了它的美。

4. 故作懵懂，转移矛头

对话场景：同学聚会时，有人当众调侃你："你都这么大了还不结婚，是不是要求太高了？"

一般回怼：关你什么事呀，结不结婚是我的自由。

高情商回怼：啊？原来年龄到了就一定要结婚哪，那按照你这个逻辑，我是不是到了一定年龄，创业马上就能成功啊？

5. 引用名言，巧妙回击

对话场景：你在社交平台上分享了一段自己的生活感悟，有人留言讽刺："就你还谈感悟，也不看看自己是什么水平。"

一般回怼：你不喜欢就别看，少在这里乱喷。

高情商回怼：叔本华说："只有击中目标的谴责才能使我们受到伤害。"看来我这感悟戳到你的痛点了？

6. 以退为进的讽刺回怼

对话场景：办公室里，小李看到同事小张买了一台新电脑，心生忌妒，阴阳怪气地说："哟，小张，新买的电脑不便宜吧？你这工资花得可真潇洒，也不知道是不是工作太闲了才有闲钱这么消费。"小张正在整理文件，听到这话，停下手中的工作。

一般回怼：你管我呢，我自己的钱爱怎么花就怎么花。

高情商回怼：李哥，你说得太对了，我也觉得自己工作太轻松了，才有心思关注这些小物件。不像你，每天都忙得顾不上生活，我可得向你学习，以后多给自己找点儿事做，不然都不好意思拿工资了。

能说会道

反客为主的话术：
把羞辱变成全场笑点

在人际交往中，我们难免会遭遇他人突如其来的羞辱，这时候，巧妙应对是关键。掌握反客为主的话术就如同拥有了化腐朽为神奇的魔力，能把一场难堪的羞辱转化为全场的欢乐笑点，不仅能化解自身尴尬，还能展现自己的高情商与强大气场。接下来，让我们一同探寻这些神奇的反客为主话术吧！

场景再现

同学聚会上，小赵看到同学小李现在的工作一般，故意羞辱他说："小李呀，这么多年过去了，你怎么还在做这种普通的工作呀，我还以为你能做出什么大事业呢。"小李听后，心里很不是滋味，但又不想在同学面前表现得太生气，只能强颜欢笑。小赵看到小李的反应后，更加无所顾忌，继续说："你可得加把劲哪，别让我们这些老同学失望。"此话一出，周围的同学都看着小李，气氛变得有点儿尴尬。

试着这样沟通

小李笑着说:"小赵,你说得太对了,我确实还在努力呢。不过我觉得,工作没有高低贵贱之分,把自己的本职工作做好本身就是一种成就。不像有些人,虽然表面上看起来风光无限,但内心却很空虚。而且我觉得,真正的成功不是看你赚了多少钱,做了多大的官,而是看你能不能找到自己真正喜欢做的事情,并且为之努力。我现在虽然工作普通,但我很开心,因为我在做自己喜欢的事情。小赵,你现在这么成功,是不是也很开心呢?"小赵听后,脸上的笑容瞬间消失了,尴尬地说:"我当然开心哪。"周围的同学都被小李的话逗笑了,气氛也变得轻松愉快。

能说会道

当羞辱的言语像暗箭一样袭来时,如果生硬回击,就容易陷入无休止的纷争;如果默默忍受,则会憋闷委屈。反客为主的话术正是破局的关键,它能让你四两拨千斤,把对方的刁难化作笑料,让全场气氛轻松反转。下面就为你揭秘这些神奇话术助你成为社交场上的应对高手。

1. 幽默自嘲,以退为进

对话场景: 同学聚会上,同学李华看到你穿着朴素,故意大声说:"你这穿得也太朴素了吧,这么多年都没点儿变化,是不是混得不太好哇?"众人的目光瞬间集中在你的身上。

一般回应: 我穿什么关你什么事,多管闲事!(生硬回应,容易让场面变得更僵)

能说会道

高情商回应：哈哈，我这是保持初心，不被物质迷惑。不像你，这么多年就盯着这些外在的东西，看来生活也没给你带来太多别的乐趣。而且朴素点儿好哇，把我这"天然去雕饰"的气质都凸显出来了，大家觉得呢？

2. 转移焦点，制造笑点

对话场景：在一场朋友聚会中，朋友王强突然说："你最近这减肥好像没什么效果呀，感觉你一点儿都没瘦。"你听后心里不太舒服。

一般回应：我减肥关你什么事，我乐意！

高情商回应：王强，你可太关心我了。不过比起我的体重，你上次说要学的吉他，现在练得怎么样啦？不会还只会弹《小星星》吧？

3. 借题发挥，扭转局势

对话场景：在社交场合，有人对你说："你看你，这么内向，也不主动和大家交流，怪不得没什么朋友。"

一般回应：我性格就这样，不用你管！

高情商回应：我这叫低调内敛，慢慢释放魅力。不像有些人，一开口就咋咋呼呼的，生怕别人不知道自己的存在。而且朋友不在多，而在精。说不定我这一开口，就能交到像你这么"特别"的朋友呢！

4. 以彼之道，还施彼身

对话场景：在一次家庭聚会中，亲戚李婶说："你看看你，年纪这么大了还不找对象，也不知道一天在忙些什么，不会是没人看得上吧。"

一般回应：我的感情生活不用您操心！

高情商回应：李婶，您这么关心我找对象的事，是不是最近您自家孩子遇到这种糟心事了？您可得多了解了解现在年轻人的想法，说不定操心太多，给孩子的压力太大，会适得其反呢！

5. 故事类比轻松化解

对话场景：在一场社交活动中，一位女士看到另一位女士的包包不是名牌，便略带嘲讽地说："你这包可真普通，现在谁还会背这种包哇。"被说的女士正和朋友聊天儿，听到这话后不慌不忙。

一般回应：我这包怎么了，我喜欢就行。

高情商回应：您知道吗，我这包就像我喜欢的一本小众书籍，虽然不被大众熟知，但里面的故事和内涵只有懂它的人才能体会。就像交朋友一样，不能只看外表，内在才是最重要的。您说是不是？

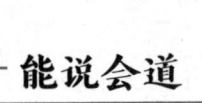

能说会道

亲戚拷问反杀计：
催婚催生的终结者

逢年过节，走亲访友本是温馨时刻，可不少人却被亲戚的"灵魂拷问"弄得头疼不已。催婚、催生的话语如连珠炮般袭来，让人难以招架。其实掌握一些巧妙话术就能轻松化解这些尴尬时刻，变被动为主动。接下来就为大家献上针对亲戚拷问的反杀计，让它们成为催婚、催生话题的终结者，让你在面对这些难题时游刃有余，还能巧妙化解尴尬，维持聚会的融洽氛围。

场景再现

春节家庭聚会时，七大姑八大姨围坐在一起，其中一位姑姑看着还单身的小杨说："小杨啊，你都这么大了，怎么还不找对象啊？再拖下去可就不好找了。"小杨心里很厌烦，但又不好意思直接反驳，只能说："还没遇到合适的呢。"姑姑接着说："别挑了，差不多就行了，你看人家×××，孩子都上幼儿园了，你也得抓紧哪。"其他亲戚也纷纷附和，小杨觉得很无奈，心里很烦躁。

回怼篇　一句话秒杀对方的技巧

试着这样沟通

小杨笑着说:"姑姑,我也想找哇,可是缘分这东西急不来呀。而且我觉得结婚是一辈子的大事,不能随便找个人就凑合了。我得找一个真正爱我,我也爱他的人,这样的婚姻才会幸福。就像您和姑父一样,这么多年一直恩恩爱爱的,是我学习的榜样。我可不想随便找个人结婚,最后过得不幸福,让您操心。而且现在社会发展迅速,年轻人的观念也在改变,越来越多的年轻人选择先打拼事业,再考虑婚姻。我也想先把自己的事业做好,给未来的另一半和孩子更好的生活。您说对吧,姑姑?"姑姑听后,笑着说:"你这孩子,说得也有道理。行吧,那你就好好努力,遇到合适的就抓紧。"其他亲戚也不再追问,小杨成功化解了尴尬。

能说会道

话术用得妙,尴尬瞬间消。这些反杀技巧不仅能让我们礼貌回应,还能把话题巧妙转移。既维护亲情和谐,又能坚守自己的原则,让你在应对这些难题时谈笑风生,轻松化解尴尬。

1. 转移焦点,以攻为守

对话场景:家族聚会,二婶拉着你说:"你看看你,同龄人的孩子都会打酱油了,你还单着呢,赶紧找个人嫁了吧。"

一般回应:我自己的事我心里有数,您别管啦。

高情商回应:二婶,您这操心的劲儿真让人感动!不过我暂时不考虑嫁人的事,因为我最近正在冲刺一个大项目,要是做成了,升职加薪不在话下。您家孩子最近工作咋样?有没有需要我帮忙、出出主意的地方?

能说会道

2. 幽默调侃，轻松化解

对话场景：中秋节，叔叔问："你什么时候要个孩子呀？趁你爸妈身体硬朗，能帮着带带孩子。"

一般回应：还没计划呢，我不想那么早要孩子。

高情商回应：叔叔，您这是迫不及待想当叔公了吧！不过现在养孩子成本可高了，我还得再"修炼"几年，多赚点儿奶粉钱，不然怕养不好孩子。等我准备好，第一个告诉您，到时候您可得给我传授点儿育儿经验。

3. 借势反问，扭转局面

对话场景：过年时，舅妈说："你也老大不小了，赶紧结婚生孩子，人生大事不能拖。"

一般回应：我还想多享受享受单身生活呢。

高情商回应：舅妈，您说得好像结婚生孩子是件很简单的事一样。您这么有经验，快给我讲讲，怎样才能找到像舅舅这么好的伴侣，还有怎样把孩子教育得这么出色，我先取取经。

4. 给出愿景，安抚情绪

对话场景：家庭聚会，外婆说："你啥时候生个重外孙给我抱哇？我都盼好久了。"

一般回应：外婆，您别催啦，这事也急不来呀。

高情商回应：外婆，我知道您盼着抱重外孙呢！我一直都有规划，等我事业再稳定些，给未来的宝宝创造更好的条件，争取让您早日抱上重外孙。您就放宽心，每天开开心心的，等着享清福吧。

5. 数据举例，有理有据

对话场景：堂姐说："早点儿结婚生孩子多好，趁年轻恢复得快。"

一般回应：我觉得现在不是时候。

高情商回应：堂姐，我知道您是为我好。不过现在社会发展快，很多年轻人选择先发展事业再成家。据统计，先稳定事业的夫妻，家庭幸福指数更高，对孩子成长也更有利。我也想给未来的家庭打下坚实基础，所以还是再等等吧。

6. 打感情牌，巧妙化解

对话场景：过年走亲戚，大姨看到已婚的路瑶还没要孩子，便说："瑶瑶哇，你和你老公也该要个孩子了，有了孩子家庭才完整。你看你爸妈，也盼着抱外孙呢。"路瑶坐在椅子上，微笑着回应。

一般回应：大姨，我们有自己的计划，您别老催了。

高情商回应：大姨，我知道您和爸妈都是为我好，其实我和老公也很期待有个可爱的宝宝，一直在积极准备呢。不过目前可能缘分还没到，您也别太心急。等缘分到了，宝宝自然就来了。

能说会道

同事"挖坑"自救指南：
用幽默拒绝背锅

职场就是没有硝烟的战场，同事的"挖坑"操作经常让我们防不胜防。一不小心，我们就可能陷入背锅的窘境，不仅影响工作成果，还可能损害职业形象。其实这类难题并不难化解，可幽默巧妙地避开陷阱，轻松自救。接下来就带你解锁这些实用的话术，当你遇到同事"挖坑"时，可以从容应对，既能化解尴尬，又能维护职场关系。

场景再现

在公司的项目讨论会上，同事小陈为了推卸责任，突然说："这个项目的进度没跟上，都是因为小张负责的那部分工作出了问题，他没有按时完成任务。"小张听后，心里很生气，因为实际情况并不是这样的，但他又不能在会议上直接和小陈争吵，只能解释说："我是按照计划完成的，是其他环节出了问题，导致整体进度受影响。"小陈却不依不饶，说："反正就是你那边的问题，这事你得负责。"周围的同事都看着小张，小张觉得很委屈，不知道该怎样应对。

回怼篇　一句话秒杀对方的技巧

试着这样沟通

小张笑着说:"小陈哪,看来你对这个项目的每个环节都了如指掌啊,比我还清楚呢。不过我得澄清一下,我负责的那部分工作是按时完成的,而且质量也符合标准。要是真的有问题,那可能是我们之间的沟通有点儿小误会,或者是其他环节的小伙伴太想抢风头,故意拖慢了进度。不过没关系,我们是一个团队,有问题大家一起解决嘛。我相信只要我们齐心协力,一定能把这个项目做好的。小陈,你说对吧?"小陈听后,脸色有点儿尴尬,只能说:"是呀,大家一起努力。"其他同事也都笑了起来,小张成功避免了背锅。

能说会道

面对同事的挖坑,生硬回怼容易引发矛盾,默默承受又会委屈自己。此时,幽默话术便是绝佳"救星"。它能让你在维护自身权益的同时,不破坏同事间的和谐关系。下面就为你带来一系列实用技巧,让你轻松应对,巧妙化解职场危机。

1. 巧用比喻,委婉回拒

对话场景:同事小李说:"你帮我把这份报告写了吧,我这两天忙得焦头烂额,实在没时间,你平时效率高,肯定没问题。"可你自己的工作也堆积如山。

一般回应:我也很忙,没时间帮你。

高情商回应:小李,你这是把我当"超级英雄"啦,能在自己任务堆成山的同时还去"拯救世界"。我这会儿也在"战场"冲锋陷阵呢,实在分身乏术,等我忙完这阵,你有需要随时叫我。

能说会道

2. 幽默调侃，转移责任

对话场景：同事小赵说："你帮我看一下这个方案，要是出问题你可得帮我担着点儿。"

一般回应：我可担不起，你自己负责。

高情商回应：小赵，你这是想给我"升职"成"方案风险担保人"哪？我这小肩膀可扛不动这么大的责任，你自己再好好检查检查，争取方案万无一失。

3. 以彼之道，还施彼身

对话场景：同事小钱说："你把这个月的报表做了吧，上次你做过，再做也顺手。"但这并不在你的职责范围内。

一般回应：这不是我的工作，凭什么让我做。

高情商回应：小钱，照你这么说，上次你去开的会，下次也顺道再去呗，毕竟你有经验。我手头工作太多，这报表确实没时间做，你看看能不能和领导沟通下，合理安排、合理分工。

4. 模糊回应，巧妙推脱

对话场景：同事小孙说："这个项目出问题了，你之前参与过，赶紧来帮忙解决下。"但你清楚这是他自己没做好，而且你现在也有重要任务要忙。

一般回应：我现在没空，你找别人。

高情商回应：小孙，我正和一个紧急任务"死磕"呢。项目的事你先梳理下具体情况，等我这边告一段落，再看看能不能帮上忙。

5. 假设反问，表明态度

对话场景：同事小周说："你去接待下这个客户，我不太擅长沟通，你比较会和人打交道。"可你知道他只是想偷懒。

一般回应：我也不擅长，你自己去。

高情商回应：小周，你这是要给我颁发最佳接待奖吗？不过每个人都有成长空间，你多锻炼锻炼肯定能行。即使这次我替你去，下次再有类似的工作，你还是得面对呀，不如趁这次机会好好提升一下自己。

6. 夸张表达，拒绝请求

对话场景：临近下班，同事小吴找到小郑，说："小郑，我这儿有个紧急报告，明天一早就要，你今晚加个班帮我做一下吧，我家里有点儿急事。"小吴平时经常拖延工作，这次也是如此。此时小郑正准备收拾东西下班。

一般回应：小吴，我也想帮你，可我今晚有自己的事呀，你总是拖到最后才着急，我没办法帮你。

高情商回应：小吴，你这请求就像让我在今晚长出一对翅膀，直接飞到报告的终点。你看我这小身板，哪有这超能力呀。你这报告拖到现在，就像一场马拉松到了最后冲刺阶段却发现没力气了。要不你先跟领导沟通下，说明情况，咱们再一起想想办法。我要是有三头六臂，肯定二话不说帮你，可现实不允许呀。

能说会道

"杠精"克星金句库：
让"ETC自动抬杠机"报废

生活里，"杠精"就像无处不在的"小刺"，总能毫无预兆地冒出来，不管你说什么，他们都要反驳一番，致使双方的交流变得异常艰难。每次和"杠精"交锋，你是不是都觉得有一肚子话却不知从何说起？其实只要掌握一些巧妙的回怼话术，就能轻松化解"杠精"的攻击，让他们的"抬杠机"彻底失灵。接下来就为你奉上这些神奇的金句，助你在面对"杠精"时游刃有余。

场景再现

在一个兴趣小组的线上讨论群里，大家正在讨论一部新上映的电影。小吴发表了自己对电影的看法，认为这部电影很有深度，剧情和画面都很不错。结果群里的"杠精"小郑立刻反驳说："你懂什么呀，这部电影就是一部烂片，剧情漏洞百出，画面也很一般。"小吴心里很生气，但又不想在群里和小郑争吵，只能说："每个人的看法不一样，我觉得这部电影有它的优点。"小郑却不依不饶，继续说："你这是什么眼光，这么烂的电影都能说好。"其他群友看着他们的聊天儿内容，一时间气氛变得有点儿紧张。

回怼篇　一句话秒杀对方的技巧

试着 这样沟通

小吴笑着说:"小郑,你能发现这么多问题,看来对电影的要求很高哇。不过我认为电影就像艺术品一样,每个人对它的理解和感受都不一样。我认为这部电影有它的独特之处,可能你看到的是它的缺点,但我看到的是它的优点。就像有人喜欢吃苹果,有人喜欢吃梨,不能因为你不喜欢吃苹果,就说喜欢吃苹果的人都没品位吧。而且我觉得讨论电影是为了交流看法,分享感受,而不是为了争吵。我们可以保留自己的意见,也应该尊重别人的看法,这样才能让讨论更有意义,你说对吧,小郑?"小郑听后无话可说,其他群友也都对小吴发来了赞赏的表情包。

能说会道

在生活中,"杠精"就像隐藏在暗处的"交流刺客",经常会冷不丁冒出来给你一击。他们不分场合、不论对错,只是为了反驳而反驳。每一次和"杠精"的交锋都像一场没有硝烟的战争,让人头疼不已。别发愁,这里为你精心准备了一套"杠精克星金句库",让你轻松应对"杠精",把抬杠变成有效交流。

1. 以退为进,顺势引导

对话场景:你在社交平台上分享了自己做美食的心得,有人评论:"就这还好意思分享,网上随便搜的教程都比你这个好。"

一般回应:你懂什么,我这可是独家秘方!

高情商回应:确实,网上的教程多如牛毛,不过每个人做美食都有自己的风格和故事。我把自己的心得分享出来,也是想和大家交流交流，说不定能碰撞出更多美食灵感。您要是有更好的做法，也欢迎分享出来让我们学习学习呀。

2. 幽默调侃，化解尴尬

对话场景：和朋友聊天儿时，你说自己最近在学习摄影，朋友却杠道："就你还学摄影，拍出来的照片能看吗？"

一般回应：你别瞧不起人，我拍得挺好的！

高情商回应：哈哈，我这不是正在努力"进化"嘛，等我学成归来，说不定能把你拍成超级模特儿，到时候可别求着我给你拍照哟。

3. 一针见血，直击要害

对话场景：在讨论工作方案时，同事说："你这个方案根本行不通，一点儿创意都没有。"

一般回应：怎么行不通了，我觉得挺有创意的。

高情商回应：既然你说行不通，那想必你已经有更好的想法和创意了，不如现在就分享出来，让我们学习下如何做出一个完美方案。要是没有，只是单纯否定，那对解决问题可没有帮助。

4. 模糊回应，巧妙回避

对话场景：有人说："你买的这款手机性价比太低了，还不如买××品牌。"

一般回应：我觉得挺好的，性价比不低。

高情商回应：每个人对性价比的定义不一样，需求也不同。我买这款手机主要是看中了它的某些功能，对我来说很实用，所以我觉得挺合适的。

5. 引用名言，增强说服力

对话场景：你表达对某个社会现象的看法，有人抬杠："你懂什么，就会跟风。"

一般回应：我不是跟风，我是真的这么认为！

高情商回应：马克·吐温说过："人的思想是了不起的，只要专注于某一项事业，就一定会做出使自己感到吃惊的成绩来。"我花时间思考这个问题，有自己的见解，可不是简单跟风。如果您有不同观点，咱们可以理性探讨。

6. 委婉反问

对话场景：小区业主群里，有人发了一张小区绿化的照片，说："咱们小区绿化太差了，一点儿都不像高档小区。"

一般回应：你怎么能这么说，小区绿化挺好的，花草树木都很茂盛，健身设施也维护得不错。

高情商回应：这位邻居，我很好奇您心目中高档小区绿化的标准是什么？咱们小区的绿化是按照规划设计来的，平时物业也在用心维护，花草树木种类丰富，四季都有不同的景观。如果您有什么特别的期望，咱们可以一起跟物业沟通，看看能不能进一步提升。大家说呢？

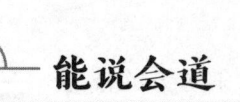

"凡尔赛"终结者：
用魔法打败魔法

生活中，总有一些"凡尔赛大师"，他们表面看似低调谦逊，实则字里行间都在炫耀。面对这种操作，要是不巧妙回应，心里着实憋闷。别担心，掌握这套"用魔法打败魔法"的话术，你就能轻松拆解他们的炫耀，让"凡尔赛"的光芒不再刺眼，还交流一片清净之地，下面一起看看如何巧妙应对吧。

场景再现

在一次朋友聚会上，小敏故意炫耀说："唉，最近真的好烦哪，我刚买的那个包包虽然是限量版，但是感觉质量也不怎么样，早知道就不买了。还有我上次去国外旅游住的那家酒店，价格贵、服务差，真的让人很失望。"朋友们听后，心里都很不舒服，但又不好意思直接说她。小敏看到朋友们的反应，更加得意了，继续说："我觉得现在的奢侈品都没以前好了，真是越来越不注重品质了。"朋友们只能尴尬地笑了笑。

回怼篇　一句话秒杀对方的技巧

试着这样沟通

小莉笑着说："小敏，你这烦恼可真让人羡慕哇，限量版的包包说买就买，国外旅游说去就去。不像我，连买个普通的包包都要考虑好久，更别说去国外旅游、住高档的酒店了。而且你对品质要求这么高，说明你有品位，有追求。不过我觉得，有时候我们可以换个角度看问题，虽然包包的质量可能没达到你的期望，但它毕竟是限量版，有一定的收藏价值呀。酒店的服务虽然差了点儿，但你也体验了不同的文化和风景啊。说不定这些'烦恼'也是一种幸福呢。你说对吧，小敏？"小敏听后，脸上的得意消失了，尴尬地说："你说得也有道理。"朋友们都笑了起来，气氛也变得轻松愉快。

能说会道

那些看似"诉苦"实则炫耀的言辞，常让人内心无语却又不知如何回应。别烦恼，接下来就为你呈上"凡尔赛"终结者话术秘籍。掌握这些技巧，你也能用幽默与智慧将对方的炫耀巧妙终结，轻松夺回交流的主动权。

1. 模仿夸张，幽默回敬

对话场景：同事小王在办公室说："我昨天去看房子，本想买个普通的三居室，结果我爸妈非要给我买套大平层，还说以后方便一家人住，真拿他们没办法。"

一般回应：你爸妈对你真好，我咋没这福气。

高情商回应：小王，你可太幸福了，我每天为了房租发愁，你却在为房子太大烦恼。要不你把这"烦恼"匀我点儿，我保证替你好好"承受"。你这凡尔赛的水平，都快赶上专业选手了。

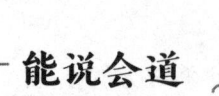

2. 巧妙类比，委婉暗示

对话场景：朋友聚会时，小李说："我最近报了个高级瑜伽班，一节课好几百块，虽说有点儿贵，但老师教得确实好，不过我也只是为了打发时间。"

一般回应：哇，你真有钱，能报这么贵的班。

高情商回应：小李，你这生活品质真高。我最近也报了个班，是教怎么省钱的，一节课才几块钱，看来咱们的生活追求真是不一样啊。你这打发时间的方式可真够"奢侈"的。

3. 淡然回应，转移焦点

对话场景：社交平台上，有人发动态："今天又收到好几个奢侈品品牌的邀请，邀我去参加新品发布会，真的好忙啊，都没时间休息。"

一般回应：哇，你好厉害，能收到这么多邀请。

高情商回应：看来你在时尚圈混得风生水起呀。对了，我最近看到一个很有意思的公益活动，你平时这么忙，有没有关注过这类活动？

4. 直戳要害，一针见血

对话场景：在健身房，有人说："我这身材怎么练都瘦不下来，真烦恼，每天还得花时间健身，不像你们，怎么吃都不胖。"但实际上，她的身材非常好。

一般回应：你还不瘦哇，我做梦都想像你这么瘦。

高情商回应：你就别凡尔赛了，你这身材已经很让人羡慕了。要是真瘦不下来，那也是老天爷忌妒你的美，故意不让你再瘦了。咱就别在这儿"拉仇恨"了。

5. 以更"凡尔赛"回应"凡尔赛"

对话场景：办公室里，同事小李说："这次我又考了公司内部考试的第一名，都没什么挑战性了，真无聊。"小郑听到后。

一般回应：小李，你考得好也不用这么炫耀吧。

高情商回应：小李，你这都不算啥。我上次参加行业内的高级考试，考前都没怎么复习，结果一不小心就拿了个全国第一。

6. 共情化解

对话场景：同学聚会上，同学小齐说："我最近又升职了，管着好多员工，每天忙得不可开交，都没时间休息。"

一般回应：升职是好事呀，你就偷着乐吧。

高情商回应：小齐，升职确实厉害，不过你再忙也得注意身体。像咱们这么优秀的人，总是面对很大的压力，表面看起来风光，但背后的辛苦只有自己知道。

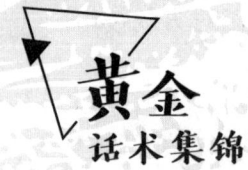

黄金话术集锦

1. "阴阳大师"速成班：不带脏字，怼到对方自闭

① 哟，您这话说得可真"妙"，我都怀疑您是不是刚从外太空回来，不懂地球人的交流方式。

② 您可真会说话，要是去参加"最让人无语大赛"，冠军肯定非您莫属。

③ 哇，您这逻辑，我一时半会儿还真跟不上，您是专门学过怎么把人绕晕吗？

④ 您可真是"语不惊人死不休"哇，每次说话都能刷新我对"奇葩言论"的认知。

⑤ 哟，您这语气，是不是今天出门忘了带礼貌哇？

⑥ 您这话说的，好像全世界就您最懂，您是不是觉得自己是上帝派来的"真理代言人"？

⑦ 您可真厉害，每次都能把黑的说成白的，是不是有"颠倒黑白"的超能力呀？

⑧ 哟，您这沟通逻辑，幼儿园小朋友听了都得摇头，您是不是还没长大呀？

⑨ 您这言论要是放在辩论赛上，估计对方辩友都得笑场，您这是来搞笑的吧？

⑩ 您可真是"出口成章"啊，只不过这"章"都是让人哭笑不得的歪理。

2. 反客为主的话术：把羞辱变成全场笑点

① 哈哈，您这么关心我，是不是暗恋我呀，不然怎么老盯着我不放。

② 哟，您这么说我，是不是羡慕我有您没有的东西，所以才想通过贬低我来抬高自己。

③ 哇，您这么"关注"我，是不是觉得我太优秀了，您都忍不住要"研

究"我。

④ 您这是忌妒我过得比您好,所以想用言语打击我?可惜呀,我根本不在乎。

⑤ 哈哈,您这么说是不是想引起我的注意?可惜您这方法不太对,我只会觉得好笑。

⑥ 哟,您这么批评我,是不是自己做不到,所以看我做到了就眼红,想挑刺儿?

⑦ 您这么努力挑我的刺儿,是不是打算把我培养成仙人掌,好让您以后有借口远离优秀的人?

⑧ 哟,您这是见不得我好哇,还是怕我太耀眼,把您的光芒都盖住?

⑨ 哈哈,您这么贬低我,是不是因为自己心里自卑,想拉我一起下水?

⑩ 您对我冷嘲热讽的,是不是因为您的生活太无趣,拿我当乐子解闷儿呢?

3. 亲戚拷问的反杀计:催婚催生终结者

① 亲戚,我正为国家建设努力呢,哪有空结婚生子呀?等做出大贡献再考虑个人问题,您到时候可得多介绍几个对象给我认识!

② 亲戚,您这么关心我的私人生活,是在研究家庭社会学,拿我当案例吗?我的人生路还长,您别急。

③ 亲戚,我现在忙得连自己都照顾不好,如果结婚生子,孩子不得成流浪儿?等我自己过安稳了再说吧!

④ 亲戚,您这么催,是不是想抱孙子/外孙啦?快给我传授传授找对象和育儿的经验,我还一头雾水呢。

⑤ 亲戚,结婚生子讲究缘分,我在等天命之人和天使宝宝,再催缘分都被吓跑了。

⑥ 亲戚,养孩子成本多高哇,我得先赚钱创造好条件,不然孩子跟着我受苦,您也不忍心吧?

⑦ 亲戚,您这么关心我的个人问题,是参加催生亲友团培训了?这个任

务我接了，不过得给我点儿时间。

⑧ 亲戚，我还想多享受几年自由生活，结婚生子后就不潇洒啦，您当年肯定也这么想，理解理解我呗。

⑨ 亲戚，我在等能产生灵魂共鸣、能一起经营家庭的人，这急不得，就像煲汤，得慢慢熬才香。

4. 同事"挖坑"自救指南：用幽默拒绝背锅

① 嘿，同事，这"锅"太有个性，我的小身板儿扛不动，如果我被压垮了，我的后半辈子可就完啦，饶了我吧。

② 同事，你这"惊喜"大礼包我消受不起，这"锅"你自己慢慢"享用"吧，说不定有宝藏。

③ 哟，同事，这"锅"沉得像装着你的梦想，你找更强壮的人背吧。

④ 同事，你当我是"背锅侠"转世呀？我都"金盆洗手"了，请另寻高明。

⑤ 嘿，同事，这"锅"像定时炸弹，我可不想被炸，你快收回去好好安置吧。

⑥ 同事，你想培养我当"锅王"？可我只想在自己的工作岗位上发光，不想被"锅"埋没，你的"锅"你自己背。

⑦ 同事，这"锅"像无底洞，跳进去就出不来，我还想多看看职场风景，别拉我下水。

⑧ 嘿，同事，你想让我"负重前行"？我在减肥呢，这"锅"影响大计，你找别人吧。

⑨ 同事，这"锅"是不是施了魔法，老追着我，我可不想被缠，快带走，别"骚扰"我。

⑩ 哟，同事，这"锅"像烫手山芋，我恐怕是接不住，你拿稳，别弄掉了。

高情商问答

1. 有人说：你怎么油盐不进？

   高情商回答：我跟你不一样，我又不是厨房的抹布。

2. 有人说：你怎么这么不合群？

   高情商回答：别总说我不合群，只是我的群里没有你。

3. 有人说：一个巴掌拍不响。

   高情商回答：打在你的脸上试试？

4. 有人说：你情商真低。

   高情商回答：跟你说话还需要什么情商？

5. 有人说：怎么你这么爱抬杠啊？

   高情商回答：没有你，我一个人也抬不了呀！

6. 有人说：他们怎么就欺负你，不欺负别人呢？

   高情商回答：我怎么就怼你，不怼别人呢？

7. 有人说：你好丑。

   高情商回答：只有美的眼睛才能看到美。

8. 有人说：你这么大岁数了还装嫩。

   高情商回答：对呀，哪像你这么显老。

9. 碰到厉害的人。

   高情商回答：原来高手就在我身边。

10. 对陌生人。

    高情商回答：我该怎么称呼您呢？

11. 请教问题时。

    高情商回答：我想听听您的意见！

12. 夸奖同事时。

   高情商回答：你太厉害了。

13. 鼓励下属时。

   高情商回答：你的潜力很大。

14. 想念对方时。

   高情商回答：翻了翻手机，没有你的信息，感觉心里空落落的。

15. 早晨问候恋人时。

   高情商回答：和你甜甜的一天又开始啦。

职场篇

让你在职场中风生水起

职场是一个充满挑战与机遇的舞台,语言表达能力在职场中起着关键作用。领导画饼时的巧妙捧哏艺术能展现你的高情商,会议冷场时的救场发言能让领导对你刮目相看,拒绝加班时的优雅话术、应对同事邀功时的捧杀秘籍,以及酒桌躲酒时的"糊弄学",都能让你在职场中游刃有余。甚至离职时的江湖式告别,也能助你在职场中风生水起,实现职业目标。

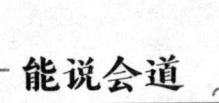

能说会道

领导"画饼"时的
捧哏艺术

在职场江湖中,领导"画饼"可谓是常见戏码。面对那些被描绘得天花乱坠的"大饼",如何巧妙应对,既能让领导满意,又能维护自身利益,是每个职场人的必修课。只要掌握"捧哏艺术",你就能在领导"画饼"时表现得游刃有余,以高情商的话术回应,让领导感受到你的支持,同时为自己争取实实在在的好处。接下来让我们一起揭开这项艺术的神秘面纱。

场景再现

会议室里,领导正激情澎湃地发表讲话:"大家努力干,这个项目要是成功了,公司会给大家提供广阔的晋升空间,以后人人都能成为公司的核心骨干,实现财富自由不是梦!"小李在台下听得昏昏欲睡,心里默默吐槽:"每次都这么说,也没见落实。"等领导讲完,小李敷衍地拍了两下手。领导看向小李,问道:"小李,你对未来的发展有什么想法?"小李愣了一下,尴尬地说:"就……按领导说的做呗。"会议结束后,小李的发言让领导觉得他态度不积极,这让小李很懊悔。

职场篇　让你在职场中风生水起

试着这样沟通

领导发言时，小张全程专注倾听，适时点头，还露出向往的神情。领导讲完，小张立刻鼓掌，说道："哇，领导，听您这么一说，我感觉前途一片光明！我已经迫不及待要大干一场了。您描绘的未来太让人憧憬了，相信在您的带领下，我们一定能达成目标，走向人生巅峰。就像之前（列举公司成功项目），在您的英明决策下，我们都收获满满，这次肯定也不例外！"领导听后，十分满意，笑着鼓励大家一起努力，小张因此给领导留下了好印象，为职场发展增添了助力。

能说会道

身在职场，当领导"画饼"时，生硬拒绝会显得自己不合群，盲目附和有可能会竹篮打水一场空。这时，捧哏艺术就成了高情商应对的关键。它不是简单附合，而是用巧妙话术，在给予领导情绪价值的同时，巧妙暗示自己的需求，让领导画的饼成为推动工作与自身发展的助力。只要掌握这些技巧，你也能成为职场"接饼大师"，轻松应对职场社交。

1. 积极肯定，顺势推进

对话场景：领导说："只要你们努力工作，今年咱们部门的业绩肯定能翻倍，到时候给大家申请额外的奖金。"

一般回应：真的能翻倍吗？感觉有点儿难。

高情商回应：领导，您这目标太鼓舞人心了！有您的带领，再加上咱们团队的齐心协力，业绩翻倍肯定没问题。我已经迫不及待要大干一场了，争取早日拿到丰厚的奖金。

2. 细节追问，明确期待

对话场景：领导说："等项目完成，公司会给你们提供广阔的发展空间。"

一般回应：哦，好的。

高情商回应：领导，太感谢您为我们考虑了！您说的广阔发展空间，无论是指内部晋升，还是指更多培训和学习的机会，我们都特别期待，也更有动力把项目做好。

3. 表达感恩，表忠心

对话场景：领导说："要是这次能攻克这个难关，以后公司的重要项目都少不了你们，你们的前途一片光明。"

一般回应：嗯，希望如此。

高情商回应：领导，能得到您的认可和信任，我们太荣幸了！您一直为我们指明方向，我们肯定会紧跟您的步伐，全力以赴攻克难关。就盼着在您的带领下，我们都能在公司有更好的发展。

4. 类比现实，强化认同

对话场景：领导说："只要大家努力工作，咱们团队肯定能成为公司的王牌团队。"

一般回应：成为王牌团队哪有那么容易。

高情商回应：领导，您说得太对了！就像之前咱们成功完成的那个项目一样，在您的指导下，大家配合默契，成果显著，当时就被不少部门夸赞。这次只要我们继续保持，成为王牌团队指日可待，我们都对未来充满信心。

5. 展望未来，增添信心

对话场景：领导说："公司计划开拓新市场，你们要是表现出色，未来的福利待遇会大幅提升。"

一般回应：新市场不好开拓吧，福利真能提升吗？

高情商回应：领导，开拓新市场这个战略太有远见了！我们都特别期待能在新市场大展身手。有您的英明决策，再加上我们的努力，未来福利待遇提升肯定不是问题。我们已经做好准备，去迎接新挑战。

6. 结合自身，表明决心

对话场景：部门内部会议上，领导对团队成员说："只要我们能在这个季度完成这个大项目，后续公司肯定会给我们提供更多资源，大家的晋升机会也会大大增加。"

一般回应：哦，那我们努力吧。

高情商回应：领导，您描绘的前景太让人期待了！我仔细想了一下，针对我负责的部分，我会在现有计划上进行优化，争取提前完成任务，为整个项目的成功推进添砖加瓦。我也期待着能借助公司提供的更多资源和晋升机会，进一步提升自己，为团队创造更多价值，不辜负您的期望！

能说会道

会议冷场救援队：
5句话让领导为你转身

在职场会议中，冷场不仅会让讨论陷入僵局，更会影响会议的效率与成果。此时，挺身而出打破沉默，成为会议的"破冰者"，不仅能展现你的能力与担当，还能收获领导与同事的认可。接下来就为你奉上"会议冷场救援队"秘籍，只需几句话，就能让领导眼前一亮，对你刮目相看。

场景 再现

部门会议上，领导提出一个新方案，询问大家的意见，会议室里鸦雀无声。过了好一会儿，领导有些不悦地说："怎么没人说话，都没想法吗？"这时，新入职的小赵小声说："我觉得……好像还行吧。"小赵的声音小得几乎听不见，领导皱着眉看向小赵，小赵更紧张了，不敢再说话。会议气氛越发尴尬，领导开始面露失望之色。

试 着 这样沟通

领导询问意见后，小孙举手说道："领导，我觉得这个方案特别有前瞻

性！它从两个方面精准地抓住了市场趋势，要是能落地，肯定能给我们带来新的突破。不过我也在想，从成本出发，是不是可以再做一些优化，比如减少一些不必要的设计，这样可能会让方案更完善，效果也会更好。"领导听后眼睛一亮，认真听小孙说完，边听边频频点头表示认可，还让大家一起讨论小孙提出的建议，会议气氛瞬间变得活跃起来，小孙给领导留下了深刻的印象。

能说会道

冷场像一堵无形的墙，阻碍交流，让会议效率大打折扣。这时，救场话术就成了关键。巧妙开口不仅能打破沉默僵局，还能凸显你的专业与担当，给领导留下深刻印象。下面就为你揭秘5句救场话术，助你化身会议冷场的"终结者"。

1. 关联热点，引发兴趣

对话场景：团队会议讨论新产品研发方向时冷场。

一般回应：不说话，干着急。

高情商回应：大家都知道，最近人工智能行业特别火，不少竞品已经开始应用相关技术进行产品升级。我在想，我们能不能从中寻找一些灵感，应用到新产品研发上，也许能让我们的产品在市场上脱颖而出。比如我们可以利用人工智能提供多个设计方案，这样既能顺应潮流，又能满足消费者对新技术的期待。

2. 分享经验，提供思路

对话场景：项目会议讨论执行方案时冷场。

一般回应：默默低头，不敢作声。

高情商回应：我想起之前参与的（类似项目名称），当时我们也遇到了类似的方案选择难题。我们通过（具体方法）成功解决了问题，不仅提高了项目效率，还节省了成本。我觉得这些经验或许能给这次项目提供一些参考，大家可以一起探讨一下，看看哪些方法能应用到这次的方案中。

3. 提出问题，引导思考

对话场景：部门会议讨论团队协作问题时冷场。

一般回应：安静等待，无所作为。

高情商回应：大家看，目前团队协作中似乎存在信息沟通不及时的问题，这直接影响了工作进度。我们是不是可以讨论一下，如何建立更高效的沟通机制，比如增加会议次数，利用一些专业的协作软件？大家有什么想法都可以畅所欲言，一起找到最适合我们团队的协作方式。

4. 幽默调侃，活跃气氛

对话场景：公司年度总结会议上，在讨论过去一年工作中的不足时，大家都有些小心翼翼，不敢直言，会议气氛非常压抑。这时，小吴决定打破这种沉闷。

一般回应：沉默不语，不知所措。

高情商回应：各位，我觉得咱们公司在过去一年就像一部正在拍摄的大片，虽然整体看起来很精彩，但也有一些"穿帮镜头"。比如说，我们在部门之间的沟通上，有时候就像两个不同频道的收音机，信号对接不上。不过没关系，这些小问题正是我们提升的好机会。我们可以像专业的电影后期团队一样，把这些"穿帮镜头"剪辑掉，让我们公司这部大片在新的一年更加完美！

5. 提出新颖观点，打破僵局

对话场景：公司战略规划会议上，大家围绕新业务拓展方向讨论了很久，却始终没有得出实质性结论，会议室里气氛沉闷。

一般回应：继续这么讨论下去也不是办法呀。

高情商回应：各位领导、同事，我刚刚仔细分析了市场数据和我们公司的优势，我觉得我们可以考虑开拓一个新兴的细分市场。这个市场目前竞争压力相对较小，但潜力巨大。我们公司在技术研发和客户服务方面的优势，正好可以在这个市场中发挥得淋漓尽致。比如我们可以针对这个市场的特定需求，开发一款创新性的产品，迅速抢占市场份额。

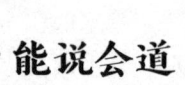
能说会道

拒绝加班的
优雅话术

在职场中,加班似乎成了不少人的常态。适当加班或许无可厚非,但当它严重影响你的个人生活,打乱你的节奏时,学会拒绝就变得尤为重要。然而生硬地拒绝容易给领导和同事留下不好的印象,这时,优雅话术就成了关键。这些话术既能让你坚守自己的底线,又能维护良好的职场关系,让拒绝变得既轻松又体面。接下来就为你揭开优雅拒绝加班的奥秘。

场景再现

下班后,领导走过来,对正在收拾东西的小美说:"小美,这个项目时间紧,今晚加个班吧。"小美心里很不情愿,她已经和朋友约好去看电影了,她犹豫了一下说:"我今晚有事,不想加班。"领导脸色一沉,说:"工作重要还是你那点儿私事重要?大家都在加班,你怎么就不能克服一下?"小美心里感到十分委屈,但又不敢反驳,只能无奈地留下来加班,心情糟糕透顶。

职场篇　让你在职场中风生水起

试着 这样沟通

领导提出加班要求时，小美微笑着说："领导，您为项目操碎了心，我们都看在眼里。我特别理解项目的紧急性，也很想留下来为项目出份力。但是我今天真的提前和客户约好了一个重要的沟通会，没办法改时间，这个客户对我们后续业务拓展很重要，我得去处理。您看这样行不行，我明天提前来公司，利用早上的时间把今天本该加班完成的任务高效搞定，保证不耽误项目进度。"领导听后，认为小美考虑周到，同意了她的请求，小美既成功避免了这次加班，又没影响自己在领导心中的形象。

能说会道

掌握优雅拒绝加班的话术是平衡工作与生活的关键。这些话术不是逃避责任，而是用智慧维护权益，既让领导理解你的处境，又不破坏团队和谐。接下来就为你呈上这些实用话术，助你在职场中游刃有余，轻松应对加班难题。

1. 给出替代方案

对话场景：领导说："周末加班，把这份报告赶出来。"

一般拒绝：周末我不想加班，我要休息。

高情商拒绝：领导，周末我有些个人事务实在没办法调整。但是我可以在今天下班前整理出报告的大纲和关键数据，下周一我提前一小时到公司，保证午休前就把完整的报告交给您，不影响工作推进。您看这样行不行？

2. 强调工作效率

对话场景：领导要求加班完成任务。

一般拒绝：我不想加班，最近太累了。

高情商拒绝：领导，我明白任务的重要性。其实我在正常工作时间效率是很高的，我分析过，按照目前的进度和我的工作效率，完全可以在正常上班时间内高质量完成。而且保持充足的休息能让我以更好的状态投入工作，您觉得呢？

3. 表达感激并说明难处

对话场景：领导安排加班。

一般拒绝：我不加班，我有自己的安排。

高情商拒绝：领导，特别感谢您一直以来对我的信任，给我安排这么重要的工作。但最近家里有些事情需要我处理，我实在没办法加班。不过我会利用业余时间，在家完成一部分能做的工作，尽量不影响整体工作进度。

4. 用客观事实拒绝

对话场景：领导希望你加班完成紧急任务。

一般拒绝：我不想加班，对身体不好。

高情商拒绝：领导，我也想加班，尽快完成任务，可我今天身体不太舒服，已经预约了医生做检查，实在没办法留下来加班。但我会和同事交接好工作，让他们先推进，等我身体好了，马上回来一起完成。

职场篇　让你在职场中风生水起

5. 提及团队协作

对话场景：领导要求你加班。

一般拒绝：我不加,我还有其他事。

高情商拒绝：领导,我知道团队现在面临任务压力,我也很想帮忙。不过今天其他同事已经承担了大部分工作,我留下来可能也帮不上忙。不如我明天早点儿来和大家一起完成剩余的工作,这样既能保证我的工作状态,也能更好地发挥团队协作的力量。

6. 给出合理的缓冲时间

对话场景：周二下午,领导找到小吴,说:"小吴,这个紧急任务需要尽快完成,你今晚加班搞定吧。"此时小吴刚完成一个重要任务,身心俱疲,且晚上有家庭聚会。

一般回应：领导,我刚忙完一个大任务,累死了,今晚真加不了班。

高情商回应：领导,我完全理解任务的紧迫性,也特别想立刻投入工作。但您也知道,我刚完成一个复杂的项目,现在大脑有点儿"过载"了。如果今晚加班,可能效率不高,还容易出错。我能不能先利用晚上好好休息调整一下,明天一早就全身心投入这个紧急任务,保证高效高质量完成。这样既不耽误任务进度,还能让工作成果更有保障,您看可以吗?

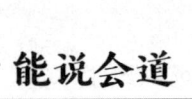
能说会道

同事邀功时的
捧杀秘籍

在职场的复杂人际关系中,我们难免会遭遇同事邀功的糟心事。对方轻描淡写就把你的成果据为己有,让人既气愤又无奈。若直接反驳,容易引发冲突;但默默忍受,又实在憋屈。别发愁,只要掌握"捧杀秘籍",你就能巧妙化解这一难题。它不仅能不动声色地让邀功者的行为无所遁形,还能展现你的高情商与涵养。接下来,让我们一起学习这些神奇话术,轻松应对同事邀功难题。

场景再现

项目总结会上,同事小张在汇报工作时,把团队共同努力完成的大部分成果都归功于自己,说:"这次项目能顺利推进,主要是因为我日夜加班,不停地协调各方资源。"团队其他成员听了心里都很不舒服,却不知道怎么回应。领导表扬小张后,问大家:"大家在项目里也都辛苦了,还有什么补充吗?"小李忍不住小声嘟囔:"明明大家都付出了,他怎么这样。"声音虽小,但还是被领导听到了,领导看向小李,场面有些尴尬。

职场篇　让你在职场中风生水起

试着这样沟通

小张邀功后，小周笑着说："小张，你可太厉害了！这次项目能完成得这么好，你确实功不可没，你这日夜操劳的精神，简直就是我们团队的楷模。不过话说回来，这项目就像一场精彩的交响乐演出，你是那最耀眼的小提琴手，拉得一手好旋律，但也离不开我们这些'配角'在各自的岗位上敲鼓、吹号，一起配合才奏出了完美乐章。大家齐心协力，才成就了这个项目。相信以后有你带头，加上我们一起努力，肯定能创造更多辉煌！"大家纷纷点头，领导也意识到项目是团队的共同成果，肯定了每个人的付出，小张听后也不好意思独占功劳了。

能说会道

"捧杀"不失为应对同事邀功的高情商之策，这并非阿谀奉承，而是以话术巧妙彰显自身贡献，让邀功者无计可施。只要掌握这些秘籍，你就能在维护和谐氛围的同时，捍卫自己的权益，下面就为你一一揭晓。

1. 夸大其词，反向暗示

对话场景：在公司的月度总结会上，同事小陈在汇报项目成果时，把大部分功劳都揽到自己身上，对其他团队成员的贡献轻描淡写。

一般回应：哼，明明大家都很努力，他就知道给自己脸上贴金。

高情商回应：哇，小陈，听你这么一说，我感觉你简直是咱们项目组的超级英雄啊！这项目要是没有你，简直无法想象会变成什么样。你能力这么强，以后肯定能独自扛起更大的项目，说不定能成为行业的领军人物。不过话说回来，咱们这个项目能成功，也是大家齐心协力的结果，每个人都在自己的岗位上发挥了关键作用，就像一部精密机器的各个零部件，少了谁都不行。大家说是不是？

2. 幽默调侃，转移焦点

对话场景：项目庆功会上，同事小周一直强调自己在项目中的关键作用，有点儿过度邀功。

一般回应：就你厉害，好像别人都没干活儿似的。

高情商回应：小周，你在项目里的表现都能拍一部英雄大片了。不过咱们这个项目就像一场盛大的交响乐演出，你是特别出彩的小提琴手，拉出了动人旋律。但其他同事也在各自的声部贡献力量，我们共同奏响了美妙的乐章。而且如果没有指挥（领导）的协调，咱们也不可能这么和谐地演奏。大家都是这场演出的主角，来，为我们团队的共同努力干杯！

3. 以退为进，巧妙提醒

对话场景：公司高层会议上，同事小齐在汇报工作时，把团队成果说成自己的成绩。当领导询问其他成员的贡献时，小齐含糊其词。

一般回应：小齐，你不能这么说，这是大家一起努力的成果，你不能独占功劳。

高情商回应：领导，小齐在这个项目中的努力大家都看在眼里，确实非常出色。他就像团队的先锋，冲在前面引领方向。但在这个过程中，团队的其他成员也都紧密配合。比如在方案策划阶段，我们多次集体讨论，每个人都贡献了自己的智慧；在执行过程中，大家各司其职，确保每一个环节都能顺利进行。我相信小齐也深知团队的力量，只是可能在汇报时太专注于自己工作的部分了。小齐，你说对吧？

4. 巧妙回忆细节

对话场景：同事说："我独自搞定了这个客户，为公司拿下了大订单。"

一般回应：我也帮忙联系客户了。

高情商回应：你能把客户稳稳拿下，证明你的谈判能力确实厉害。我还记得刚联系这个客户时，咱们一起分析客户需求，开启头脑风暴，共同想对接方案，那些准备工作可没少花心思。你最后在谈判桌上的精彩表现，把咱们前期的努力都转化成了实实在在的订单，你真是太牛啦！

5. 给予适度赞美，再补充

对话场景：同事在会议上表示："我负责的这个任务提前完成，为项目推进节省了很多时间。"

一般回应：我之前帮你赶进度了，你怎么不说？

高情商回应：你的效率真高，提前完成任务，为项目立了大功。我记得当时时间紧、任务重，我帮你处理了数据以及跟客户的沟通，就盼着能和你一起顺利推进项目。好在你把控得好，带着大家一路冲刺，才这么顺利，向你学习！

酒桌躲酒的"糊弄学"大全

职场酒局原本是交流感情、拓展人脉的场合,可对于不爱喝酒或不能喝酒的人来说,宛如一场"鸿门宴"。面对劝酒的热情攻势,直接拒绝容易扫大家的兴,甚至可能会影响人际关系;勉强喝下,又会让自己难受。别担心,只要掌握"酒桌躲酒的'糊弄学'大全",就能巧妙化解这一难题。这些技巧既不伤和气,又能让你轻松摆脱酒局困扰,还能维系良好的社交关系。接下来,就为你揭开这些神奇话术的奥秘。

场景再现

在公司聚餐上,大家推杯换盏。领导端着酒杯走到小吴面前,说:"小吴,来干一杯,祝你工作顺利。"小吴平时不怎么喝酒,而且晚上要开车回家,他面露难色地说:"领导,我不能喝酒。"领导听后有点儿不悦,说:"喝点儿酒怕什么,大家都喝,你别扫兴。"小吴无奈,只好硬着头皮端起酒杯,心里忐忑不安,既担心喝了酒没法儿开车,也怕影响自己的状态。

试着这样沟通

领导来敬酒时,小吴立刻起身,双手端着一杯饮料,笑着说:"领导,太感谢您了!您的祝福对我来说比什么都重要。我特别想陪您喝一杯,但今天实在不巧,我这身体最近出了点儿小状况,医生千叮咛万嘱咐我不能饮酒,我这也是为了能以最好的状态投入工作呀。不过您看,我以饮料代酒,这杯中满满的都是我的敬意,我先干为敬,祝您身体康健,工作顺心!"领导听后,理解地笑了笑,说:"行,那你以饮料代酒,以后好好工作。"小吴不仅成功躲过喝酒,还让领导满意。

能说会道

在职场酒局上,劝酒声不绝于耳,不想喝酒的你是否常感招架不住?其实酒桌躲酒有妙招儿,只要掌握这些"糊弄学"话术,你就能轻松应对劝酒,巧妙化解尴尬。它不是逃避社交,而是用智慧维护自己的底线,还能让酒局氛围依旧热络。下面就为你详细解读躲酒的奥秘。

1. 以健康为由

对话场景:领导说:"来,喝一杯,大家都喝,别扫兴。"
一般回应:我不想喝,喝了难受。
高情商回应:"领导,实在不好意思,最近我的身体有点儿小状况,医生特意叮嘱不能喝酒。为了不扫大家的兴,我好好陪大家聊聊天儿,为大家服务,您看行不?"

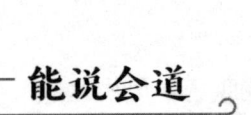

2. 以开车为借口推辞

对话场景：同事说："你就喝一点儿，又不会醉。"

一般回应：我不喝，我等会儿要开车。

高情商回应：今天这氛围多好哇！我也想和大家敞开了喝，但真不行，等会儿还得开车送几个朋友回家呢。下次咱们找个不开车的日子，痛痛快快喝个够，今天我就先以饮料代酒，陪大家聊聊天儿。

3. 强调工作任务推脱

对话场景：商务宴请，客户敬酒，说："希望咱们合作顺利，来，干一杯。"

一般回应：不好意思，我明天有工作，不能喝酒。

高情商回应：真的特别感谢您的祝福和对我们合作的期待！我也特别想和您喝一杯，来表达我们的诚意。不瞒您说，我明天一早要给公司高层做一个重要的项目汇报，这个汇报关乎公司未来的发展方向，我必须以最好的状态去应对。要是今天喝了酒，明天状态不好，影响了汇报效果，那可就麻烦了。等项目结束，我一定好好陪您喝，您看可以吗？

4. 幽默调侃化解

对话场景：客户说："不喝就是不给我面子。"

一般回应：不是不给面子，我真喝不了。

高情商回应：您可太抬举我了！我是怕自己酒量太差，喝了酒出洋相，到时候给您丢人。要不这样，我给您表演个才艺，代替喝酒，保证让您开心，您看行不？

5. 寻求他人助攻

对话场景：同事说："就一杯，喝了呗。"

一般回应：我真不想喝，别逼我。

高情商回应：哎呀，我真喝不了啦，你看小王和小李也没喝呢，咱们一起去和他们聊聊天儿，比喝酒有意思多了。走，一起过去！

> 能说会道

离职不翻脸的
江湖式告别

职场如同江湖，聚散本是常有之事。当决定离职、开启一段新旅程时，告别方式就显得至关重要。生硬冷漠或情绪上头的表达不仅容易让过往情谊破碎，还可能影响未来人脉。而掌握"江湖式告别"话术，既能潇洒转身，又能给他人留下好印象，为这段职场经历画上圆满的句号。接下来，让我们一起探寻如何高情商告别，让离开也充满温情与风度，为职场生涯增添一抹亮色。

场景再现

小周在公司工作了一段时间，由于个人发展规划决定离职。办理离职手续时，他和同事交接的工作进展不太顺利，同事抱怨小周离职太突然，很多工作都没有交接清楚。小周心里也很委屈，觉得自己已经尽力在交接了，忍不住说："我都要走了，你还这么挑剔，我又不是故意的。"两人你一言我一语，闹得不太愉快。领导知道后，对小周离职的印象也不太好，小周心里很郁闷，觉得离职本该好聚好散，结果却闹成这样。

职场篇　让你在职场中风生水起

试着这样沟通

小周在离职前，给同事们发了一封邮件："各位江湖豪杰，承蒙这段时间的关照，如今我有另一番江湖要闯荡，不得不踏上新征程。在这期间，承蒙各位相助，正因与如此优秀的你们并肩前行，才有我在工作上的点滴成绩。交接工作若有不周全之处，还望各位海涵，我已尽全力将所知倾囊相授，若有疑问，可以随时找我，我定当知无不言。此去山高水远，愿大家在这职场江湖中，一路乘风破浪，功成名就。后会有期！"同事们收到邮件后，都被他的真诚和洒脱打动，交接工作也顺利完成。小周的离职给领导留下了好印象，小周不仅能带着这份美好的回忆离开公司，还为未来的职业人脉打下良好基础。

能说会道

离职不是职场的终点，而是新征程的起点，如何告别至关重要。一句恰到好处的告别不仅能为过往的合作画上圆满句号，留下温暖回忆，更能彰显你的高情商与修养。下面这些江湖式告别话术将帮助你优雅转身，以轻松诙谐又饱含深情的话语与同事、领导友好道别，为自己的职业履历增添一份温情与风度。

1. 感恩过往，展望未来

对话场景：在公司的离职交接会上，小李即将离开奋斗多年的公司，面对领导和同事们发言。

一般回应：我要走了，感谢大家，以后再见。

高情商回应：各位领导、同事，今日在此，我满心感慨。回首在

能说会道

公司的这些年，每一个项目、每一次会议、每一次和大家并肩作战，都如同璀璨星辰，照亮了我的职业道路。在公司的这些年，我从一个懵懂无知的新人，在大家的帮助下逐渐成长。如今，因个人发展规划的需要，我要踏上新的征程。但我坚信，在大家的努力下，公司定会如展翅高飞的雄鹰，在行业中继续翱翔。我也期待未来在江湖中，能与大家再次相遇，共叙情谊。今日别过，愿大家一切安好，后会有期！

2. 幽默调侃，留下回忆

对话场景：公司为小王举办离职欢送会，小王在会上发言。

一般回应：谢谢大家，我在公司很开心，以后会想大家的。

高情商回应：家人们，今天我要"跳槽"啦，不过不是跳到水里，而是跳到新的职场江湖。在咱们公司，我就像一个在武林中修炼的小弟子，承蒙各位大侠的关照，让我学会了一身"武艺"。现在，我要去新的公司闯荡，说不定哪天在江湖上，我也能成为一个"大侠"，到时候大家可别装作不认识我。今日一别，就像武侠小说里的侠客分别，心中虽有万般不舍，但总有重逢之期。我会带着这些美好回忆，踏上新的征程。祝公司越来越好，大家都能升职加薪，武功（工作能力）越来越高强！

3. 强调缘分，感恩陪伴

对话场景：小吴在公司的最后一天，和领导进行离职面谈后，向领导告别。

一般回应：领导，感谢您的照顾，我走了。

高情商回应：领导，在公司的这段时光就像一场奇妙的缘分之旅。从面试时与您的初次相遇，到工作中您对我的悉心指导，回忆过往，每一个瞬间都让我倍感温暖。我深知自己的成长离不开您的支持

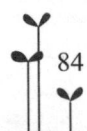

与信任,这份恩情我将铭记于心。如今,我出于个人原因要离开公司,但我相信缘分的这根线不会就此断开。未来无论我身在何处,都会关注公司的发展,也期待有机会能再次与您并肩作战。感谢您在这段旅程中的陪伴,祝您工作顺利,生活美满!

4. 展望合作,保持联系

对话场景:小张在公司办完离职手续,和关系较好的同事们告别。

一般回应:我走了,大家以后多联系。

高情商回应:兄弟姐妹们,今天我要开启新的职场篇章了。虽然我离开了公司,但咱们的情谊不会散。我相信职场就像一个大江湖,我将换个江湖,带着热爱,奔赴下一个山海。虽然咱们在不同的地方发展,但说不定哪天就会有合作的机会。到时候咱们再次携手,肯定能创造更大的辉煌。在新的岗位上,我也会努力提升自己,期待和大家再次相遇时,能分享更多有趣的经历。大家保持联系,江湖再见!

黄金话术集锦

1. 领导"画饼"时的捧哏艺术

① 领导,您这规划太妙,我感觉自己已经站在领奖台上,就等您下令往前冲呢!

② 哇,领导,您这规划像职场版的《清明上河图》,我想当"点睛之笔"!

③ 领导,团队肯定能成为行业传奇!我得赶紧加油才行。

④ 哇,领导,您这展望就像"职场导航仪",我会朝着这个方向"狂飙"。

⑤ 领导,我也是辉煌的见证者和创造者啦。

⑥ 嘿,领导,您这话像超强"鸡血",我听了感觉浑身干劲儿十足,定能拿下大项目。

⑦ 领导,您这构想就像精彩的职场大片,我想出演重要角色,贡献力量。

⑧ 领导,您这规划一出,我感觉自己已经站在行业巅峰的半山腰,努努力就能登顶。

⑨ 领导,我都感觉自己是行业标杆企业的一员了,多亏您的"神来之笔",今后我肯定好好干。

2. 会议冷场救援队:10句话让领导为你转身

① 领导,把项目和元宇宙概念相结合,或许能开拓新市场,大家觉得呢?

② 各位,之前有个类似的成功案例,我们借鉴当时的策略稍做调整,说不定有奇效。

③ 领导,如今行业内智能化转型是新趋势,我们可以探讨一下如何融入业务,提升竞争力。

④ 大家别着急,我们可以细分目标客户群体、制订差异化方案,或许能

打开新局面。

⑤ 领导，在方案中加入互动元素，线上与线下相结合，会不会更吸引客户？

⑥ 嘿，同事们，与热门 IP 联名跨界合作推广产品，你们认为这个想法可行吗？

⑦ 领导，市场有个潜在的空白点，我们先推出相关产品或服务，或许能抢占先机，大家怎么看？

⑧ 各位，我们可以从员工反馈中找突破点，他们的建议能帮助我们优化方案。

⑨ 领导，用短视频平台做营销渠道，成本低、传播广，或许能带来新流量。

⑩ 大家看，从竞争对手那里寻找解决问题的办法，取长补短，说不定能让我们豁然开朗。

3. 拒绝加班的优雅话术

① 领导，我特别想为这个项目尽一份力，可今天我约了医生做重要检查，实在没办法加班，我明天一定好好工作。

② 不好意思，领导，我今晚有重要的家庭聚会，明天我早点儿来把工作补上。

③ 领导，我今天身体不舒服，继续加班不仅效率低，还容易出错，我想先回去休息，等身体恢复后加倍努力。

④ 领导，我和志愿者团队约好参加公益活动，这不仅对个人有意义，还能提升公司形象，我能先去参加活动，回来再加班吗？

⑤ 真不好意思，领导，我今天刚好收到与专业相关的学术讲座的邀请，参加讲座能学到新知识，对工作也有帮助，讲座结束后我会尽快完成任务。

⑥ 领导，我今天身体不适，头晕晕的，怕影响工作质量，能先回家休息，明天早点儿来完成工作吗？

⑦ 领导，我报名参加了线上行业研讨会，专家会在会上分享行业动态，对工作有帮助。

⑧ 真抱歉，领导，家里的电器坏了，今晚得联系维修，否则就会影响生活。我能先处理这件事，明天加班吗？

⑨ 领导，我和合作伙伴约好今天通过线上会议讨论重要项目的细节，不能改期，没办法加班，会议后我会尽快工作。

⑩ 真抱歉，领导，家里老人身体不适需要照顾，我实在没法儿加班，我能先照顾家人，明天再加班吗？

4. 同事邀功时的捧杀秘籍

① 你这次汇报得太精彩啦！我们前期一起想的方案，经你一讲直接"出圈"，厉害！

② 这项目能圆满完成，你功不可没！当初我们一起熬夜调研，你完美展现了成果，牛！

③ 不愧是你，汇报超出色！我们跑客户的辛苦没有白费，你把成果完美呈现出来了。

④ 你讲得太棒了！让我想起我们一起攻克的难题，你的汇报把咱们的努力全凸显了。

⑤ 这成果展示绝了！从策划到执行，大家都出了力，你的汇报让团队的付出被看见、被认可。

⑥ 你汇报得太出彩了！大家一起头脑风暴想出的点子，经你一说，完美体现了团队智慧。

⑦ 这汇报太牛了！大家共同跟进工作，你把团队的努力都完美展现出来了。

⑧ 你的汇报太亮眼了！大家一起努力的过程还历历在目，你完美呈现了团队成果。

⑨ 你的汇报超赞，超厉害呀！那些一起加班的日子，因你的汇报才有了最好的呈现，你立了大功。

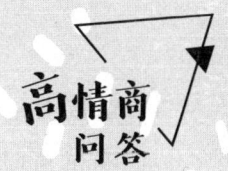

1. 饭局上，领导说：你猜猜我多大？

   高情商回答：光看外表可能 30 岁，但是看能力和处事又觉得不像这么年轻。

2. 饭局上，领导说：和漂亮女孩子吃饭，还没喝酒就已经醉了。

   高情商回答：那您在家里一定天天醉，听说您夫人很有气质！

3. 午休时，当同事问：你吃饭了吗？

   高情商回答：如果你请客，我愿意再吃一次。

4. 在公司的饭局上，领导当众夸你能干。

   高情商回答：强将手下无弱兵嘛，我怎么能给您丢脸呢？

5. 上班总卡点打卡，领导说你很会卡时间。

   高情商回答：如果连时间都掌控不了，怎么掌控人生？

6. 公司聚会时，同事夸你聪明。

   高情商回答：近朱者赤，和你在一起，熏都熏出来了。

7. 年会上，同事夸你真优秀。

   高情商回答：那是，不优秀点儿怎么能和你成为同事？

8. 领导夸你进步很大。

   高情商回答：谢谢领导，强将手下无弱兵，我必须快点儿进步，跟上队伍的节奏哇。

9. 领导说：今天让你破费了。

   高情商回答：张总，跟您一起吃饭，我倍感荣幸，今天这顿就是个心意，以后咱多聚聚，正好我还能多向你请教请教。

10. 客人说菜点多了。

    高情商回答：好不容易请您吃顿饭，也拿不准什么菜符合您的口味，所以就多点了几道，也请您尝尝我们当地的特色。

11. 饭局上，领导突然让你提一杯。

   高情商回答：感谢领导今天组的局，才让我有幸认识这么多业界精英，希望大家多多关照。

12. 饭局上，轮到你敬酒。

   高情商回答：非常感谢王总给我这个机会，今天有幸和各位精英相识，这个饭局对于我来说就像课堂一样，让我收获了很多。

13. 饭局上，被吐槽不喝酒。

   高情商回答：这么好的酒，让我这个不懂酒的人喝算是浪费了。比起喝酒，我觉得我更擅长为大家添酒，这样大家就可以尽兴喝了。

14. 当领导问你怎么不把酒倒满。

   高情商回答：没满，没满，生活美满哪。领导，这酒的最后一杯叫福根。

教育篇

父母的语言里藏着孩子的未来

父母与孩子之间的沟通是孩子成长过程中的重要养分，父母的每一句话都可能在孩子的心中种下积极或消极的种子。家长只有学会使用魔法句式，孩子才会愿意倾听；掌握批评话术既能指出错误，又不伤孩子的自尊；用金句代替"不许哭"，培养孩子的坚强品质；夸出学霸体质，激发孩子的学习动力；妥善处理孩子的顶嘴，使其心服口服；利用睡前聊天儿增进亲子关系……用正确的语言陪伴孩子成长是父母的必修课。

能说会道

这样说孩子才会听：
亲子沟通的魔法句式

在孩子的成长过程中，亲子沟通发挥着举足轻重的作用。父母的每一句话都如同在孩子的心灵土壤上播下的种子，它可能生根发芽，也可能悄无声息。恰当的沟通方式是开启孩子内心世界的魔法钥匙，能让孩子敞开心扉，与父母建立紧密的亲子关系。接下来让我们一起探寻那些能让孩子愿意倾听，能拉近亲子距离的魔法句式，用爱与智慧陪伴孩子成长。

场景再现

周末，小明想玩游戏，妈妈却让他先写作业。小明不乐意，嘟囔着："我就玩一会儿，作业可以等到明天再写。"妈妈立刻严肃起来，说："不行，必须先写作业，不然以后成绩怎么能好？"小明把玩具扔在地上，大声说："你就知道让我学习，一点儿都不理解我！"妈妈气得提高音量喊道："我还不是为你好，你这孩子怎么这么不懂事！"两人陷入争吵，家里气氛变得紧张，小明满脸委屈，妈妈也满心无奈。

试着这样沟通

妈妈看到小明想玩游戏，温和地说："小明，妈妈知道游戏很有趣，你特别想玩，对不对？其实妈妈小时候也喜欢玩游戏呢。不过咱们换个角度想，要是现在先把作业完成，之后玩游戏是不是会更投入？那时没人打扰你，你能玩得更尽兴。而且完成作业后，说不定妈妈能陪你玩一会儿，或者奖励你吃个小甜点，你觉得怎么样？"小明听后，觉得妈妈理解自己，他想了想，说："那好吧，我先写作业。"如此一来，妈妈成功避免了冲突，亲子关系也变得更加融洽。

能说会道

在亲子沟通中，语言的力量超乎想象，一句贴心的话能驱散孩子心头的阴霾，开启亲密交流的大门。只要掌握这些魔法句式，家长就能搭建起与孩子心灵相通的桥梁。下面让我们一同探索如何运用魔法句式实现高效且温暖的亲子沟通。

1. 用共情开启对话

对话场景：放学后，8岁的小明垂头丧气地回到家，把书包往沙发上一扔。妈妈看到后，放下手中的家务，走到小明身边。

一般沟通：小明，你怎么了？是不是在学校闯祸了？快跟妈妈说。

高情商沟通：宝贝，我看你好像不太开心，是不是在学校遇到了什么让你烦恼的事情啊？妈妈小时候也会遇到不开心的事，说出来可能会感觉好一些，你愿意和妈妈讲讲吗？

能说会道

2. 用选择赋予孩子权利

对话场景：睡觉时间到了，5岁的小美还在客厅玩玩具，妈妈怎么叫她都不肯去睡觉。

一般沟通：小美，该睡觉了，别玩了，赶紧去床上躺着。

高情商沟通：小美，睡觉时间到啦。你是想先去刷牙，然后听一个短故事睡觉，还是先听故事，再去刷牙呢？

3. 用鼓励代替批评

对话场景：10岁的小刚考试没考好，他忐忑不安地回到家，把卷子递给妈妈。

一般沟通：你怎么考得这么差？平时都学什么了？你看看人家小凯，每次都考得那么好。

高情商沟通：小刚，妈妈知道你看到这个成绩心里也不好受。不过没关系，一次考试不能代表什么。你看，这道题你之前不会，这次做对了，说明你努力学习就会有进步。我们一起来看看错题，分析一下原因，你下次肯定能考好，妈妈相信你。

4. 用商量的语气提出要求

对话场景：周六下午，7岁的小莉在客厅看电视，声音开得很大，影响了在书房工作的爸爸。

一般沟通：小莉，把电视声音关小一点儿，吵到爸爸工作了。

高情商沟通：小莉，爸爸在书房工作，电视声音有点儿大，影响爸爸集中注意力了。你愿不愿意把声音调小一点儿呀，等你看完这集，我们一起玩个有趣的游戏怎么样？

5. 用积极的语言描述孩子的行为

对话场景：4岁的小宇主动把玩具收拾好了。

一般沟通：你把玩具收拾好了，不错。

高情商沟通：哇，小宇，你太棒了！你主动把玩具收拾得整整齐齐，让客厅变得这么整洁，你真是个有责任心的好孩子。妈妈为你感到骄傲！

6. 以启发式提问引导思考

对话场景：米墨不想整理玩具，把玩具扔得到处都是。

一般沟通：赶紧把玩具收拾好，别弄得到处都是！

高情商沟通：宝贝，你看玩具们都找不到自己的家啦，如果你是玩具，是不是也想快点儿回家呢？我们一起帮它们回家，好不好？

能说会道

不伤孩子自尊的
4个批评话术

在孩子的成长过程中,批评是难以避免的教育环节。但错误的批评方式往往就像锋利的刀刃,轻易伤害孩子的自尊,让他们陷入自我怀疑,甚至还会产生逆反心理。因此,掌握正确的批评话术至关重要,这些话术是尊重与引导的艺术,能在指出问题的同时保护孩子的内心,促使他们积极改正错误。接下来让我们一起探索这3个不伤孩子自尊的批评话术,用智慧为孩子的成长保驾护航。

场景再现

小辉考试没考好,他拿着试卷回到家,爸爸看到成绩后,皱着眉头说:"你怎么考得这么差?平时都学什么了?这么简单的题都做错了,你是不是上课没认真听讲?"小辉低着头,不敢说话,心里很难过,觉得自己很没用。爸爸继续数落他:"你看邻居家的牛牛,每次考试都名列前茅,你怎么就不能学学人家?"爸爸的话让小辉的自尊心受到极大伤害,从此他对学习更加抵触了。

教育篇　父母的语言里藏着孩子的未来

试着这样沟通

看到小辉的试卷，爸爸坐下来，轻轻拍着他的肩膀说："小辉，爸爸看到这次考试成绩，知道你心里肯定不好受，爸爸也有点儿担心。不过咱们来看看，这些错题其实你原本是有能力做对的，但是可能你在考试的时候有点儿粗心，或者对某些知识点掌握得还不够扎实。这说明只要我们再努力一下，下次肯定能进步。爸爸相信你有这个能力，就像上次（列举孩子之前成功克服困难的事例），你通过自己的努力做到了，这次也一定行。咱们一起分析错题，看看怎么改进，好不好？"听了爸爸的话，小辉抬起头，满怀信心，和爸爸一起认真地分析试卷，没有了抵触情绪。

能说会道

批评孩子是门学问，若方式不当，容易让孩子的心灵受伤，影响亲子关系与孩子成长。巧妙的话术能在纠错的同时呵护孩子的自尊，让孩子乐于接受并加以改正。下面为大家介绍4个不伤孩子自尊的实用批评话术，助力家长用爱与智慧引导孩子。

1. 对事不对人

对话场景：9岁的小辉在学校和同学打架了，老师通知家长到学校。妈妈来到学校，在了解情况后，开始和小辉沟通。

一般沟通：小辉，你怎么这么调皮？老是和同学打架，你就是个坏孩子，以后谁还愿意和你玩？

高情商沟通：小辉，妈妈知道你今天和同学打架了，很担心你，也很心疼你。打架这个行为是不对的，它不仅会伤害别人，也可能会让自己受伤。但妈妈知道你不是一个坏孩子，你善良、待人友好。我们来一起想想，如果下次遇到类似的情况，有没有更好的解决办法，好吗？

2. 强调后果

对话场景：6 岁的小萱在超市看到一个漂亮的玩具，非要妈妈买，妈妈不同意，小萱就坐在地上哭闹。妈妈蹲下来，和小萱交流。

一般沟通：小萱，你别闹了，再闹妈妈就不要你了。

高情商沟通：小萱，妈妈理解你很喜欢那个玩具的心情，可是我们今天没有买玩具的计划。如果你一直哭闹，周围的叔叔阿姨会觉得你是个不懂事的小朋友，而且我们也不能好好享受在超市购物的时光了。我们可以先把它记下来，等你下次表现好，或者过生日的时候，妈妈再考虑给你买，好吗？

3. 给出建设性意见

对话场景：11 岁的小晨写作业时总是拖拖拉拉，每天都要很晚才能完成作业。爸爸发现后，和小晨谈话。

一般沟通：小晨，你怎么每天写作业都这么慢？别人都早早写完出去玩了，你还在这里磨蹭，你能不能有点儿时间观念？

高情商沟通：小晨，爸爸发现你写作业花的时间比较长，这样不仅会让你休息不好，第二天上学也会没精神。我们一起来找找其中的原因，是因为作业太多，还是写作业的时候容易分心？要不我们制定一个时间表，每完成一项作业，你就休息一会儿，这样也许能提高效率。你觉得这个办法怎么样？

4. 指明改进方向

对话场景：9岁的阳阳答应周末帮妈妈洗碗，可到了周末，她却只顾着玩游戏，把这件事忘得一干二净。

一般沟通：阳阳，你怎么说话不算数！答应的事都做不到，以后谁还能相信你！

高情商沟通：阳阳，妈妈看到你玩游戏玩得特别开心，游戏里一定有很多有趣的冒险吧？不过你之前答应妈妈周末要帮着洗碗，妈妈希望你能说到做到。每个人都要为自己的承诺负责，这样才能成为一个有担当的人。这次忘了没关系，妈妈理解。现在你去把碗洗了，妈妈相信你以后都能牢牢记住自己的承诺，做一个言出必行的好孩子。

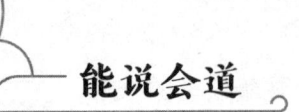
能说会道

把"不许哭"换成金句,
孩子瞬间变坚强

在孩子的成长过程中,哭泣是他们表达情绪的常见方式。但家长一句简单粗暴的"不许哭",不仅无法安抚孩子的情绪,还可能压抑他们的情感。其实只要换一种表达方式,运用那些充满智慧与温暖的金句,就能帮助孩子正确面对情绪,在挫折中变得更加坚强勇敢。接下来就让我们一起探索这些神奇的金句,助力孩子在成长路上稳步前行,用爱浇灌他们内心的坚忍之花。

场景再现

在公园里,强强不小心摔倒了,膝盖擦破了皮,他疼得哭了起来。妈妈跑过去,发现他的伤势并不严重,强强却一直哭个不停。妈妈有些恼火地说:"不许哭,这么点儿小伤有什么好哭的?男孩子要坚强!"强强听了妈妈的话,虽然想忍住眼泪,但还是止不住地抽泣。妈妈有些不耐烦,又说:"再哭就不喜欢你了!"此话一出,强强哭得更厉害了,觉得妈妈不理解自己的疼痛,心里很委屈。

教育篇　父母的语言里藏着孩子的未来

试着这样沟通

强强摔倒后，妈妈立刻来到他的身边，温柔地说："强强，摔倒肯定很疼吧，妈妈看着都心疼。想哭就哭吧，哭出来可能会好一点儿。不过妈妈知道你是个勇敢的孩子，之前不小心受伤时你都表现得很棒。这次也一样，我们先看看伤口，然后一起想办法处理，相信你能战胜疼痛。"

能说会道

在孩子哭泣时，父母的温情回应是他们情感成长的关键指引。简单生硬的"不许哭"容易阻断孩子表达情绪的通道，而充满理解与鼓励的金句能帮助孩子接纳情绪，培养内心的强大力量。下面让我们一起学习这些金句，陪伴孩子勇敢面对成长中的小挫折。

1. 和孩子一起想解决办法

对话场景：孩子因为心爱的玩具坏了而哭泣

一般沟通：别哭了，不就是一个玩具嘛，再买一个就是了。

高情商沟通：我知道你特别喜欢这个玩具，它坏了你肯定很难过，想哭就哭吧，妈妈陪着你。等你感觉好一点儿了，我们再一起看看能不能把它修好，好不好？

2. 鼓励孩子面对困难

对话场景：小轩在参加学校的演讲比赛时因为紧张而忘词，比赛结束后，他的心里很失落，回到家默默流泪。

能说会道

一般沟通：小轩，不许哭，不就是一场比赛嘛，有什么好哭的？

高情商沟通：小轩，爸爸知道你因为这次演讲比赛的事很难过，这说明你很在乎，爸爸为你的认真点赞。在比赛中忘词确实会让人感到沮丧，但这也是一次成长的机会呀。很多成功的演讲家也有过忘词的经历，他们从这些挫折中吸取教训，因此变得越来越优秀。你能勇敢地站在舞台上已经很了不起了。我们可以一起分析这次忘词的原因，相信下次你肯定能做得更好。

3. 强调努力和进步

对话场景：小妍正在学习跳绳，跳了几次都失败了，急得大哭。

一般沟通：小妍，不许哭，哭有什么用，继续跳！

高情商沟通：小妍，妈妈看到你因为跳绳不顺利哭了，妈妈知道你特别想学会，你这么努力，妈妈很感动。一开始学习跳绳确实有点儿难，很多小朋友都像你一样，要尝试很多次才能成功。你看，你刚刚已经比第一次跳得更高了一些，这就是进步哇。再试试，妈妈相信你肯定能学会的，加油！

4. 给予情感支持

对话场景：小峰在学校被同学误会，心里感到很委屈，回到家就哭了起来。奶奶看到后，过来关心他。

一般沟通：小峰，你是男子汉大丈夫，怎么能动不动就哭？

高情商沟通：我的乖孙子，奶奶知道你受委屈了，心里肯定特别不好受。你想哭就哭吧，奶奶在这里陪着你。被同学误会确实让人很委屈，你愿意和奶奶说说发生了什么事吗？不管怎么样，奶奶都相信你，会一直支持你的。

5. 示范式激励

对话场景：妮妮因为画画儿不好看而哭鼻子。

一般沟通：不许哭，画不好就重新画。

高情商沟通：宝宝，我小时候画画儿也不好看，也会着急得想哭。但我没有放弃，一直练习，后来就画得越来越好啦。你看你现在画得已经很不错了，只要继续努力，你肯定会画得越来越棒！要不我们一起再试试？

6. 转移注意力式引导

对话场景：7岁的果果在练习跳绳时，总是跳不好，急得眼泪在眼眶里打转。

一般沟通：果果，不许哭！跳绳有什么难的，多练几次不就行了！

高情商沟通：果果，爸爸看到你因为跳不好着急得快哭了，要不先休息一下，吃点儿你最爱吃的小饼干，补充点儿能量，等会儿再练？

能说会道

夸出学霸体质：
让孩子爱上学习的"彩虹屁公式"

每个孩子都渴望被夸赞，父母的夸赞对他们来说就是成长道路上的阳光雨露。恰到好处的夸赞不仅能增强孩子的自信心，更能激发他们对学习的兴趣，从而培养出"学霸体质"。但夸赞也是一门学问，盲目夸赞效果甚微，不当夸赞甚至会适得其反。接下来就为你揭晓让孩子爱上学习的"彩虹屁公式"，用对方法能让孩子在夸赞中不断进步，开启学霸养成之路。

场景再现

小丽完成了一幅绘画作业，满心欢喜地拿给爸爸看，说："爸爸，你看我画的画儿。"爸爸看了一眼，随口说："画得还行，继续努力。"小丽听后有些失落，觉得爸爸的夸奖很敷衍。之后，小丽对绘画的热情渐渐减退，不再像以前那样积极了。

试着这样沟通

小丽把自己的绘画作业拿给爸爸看，爸爸眼前一亮，惊讶地说："哇，小

丽，你这幅画儿简直太好看了！你看这色彩搭配，鲜艳又和谐，就像春天盛开的花朵，充满了生机。还有这线条，流畅又细腻，每一笔都看得出你的用心。爸爸能感受到你在绘画上的天赋和努力，你对细节的把控太到位了，比很多专业画家都要出色。我相信只要你坚持画下去，未来一定会成为了不起的大画家！"小丽听后满脸笑容，眼睛里闪着光，兴奋地说："我一定会努力画得更好的！"此后，小丽对绘画的热爱越发高涨，学习绘画时也更加积极主动。

能说会道

孩子的学习动力在很大程度上来源于外界的正向反馈，而父母的夸赞就是最有力的助推器。但如何夸得精准、夸到孩子的心坎里，却是许多家长面临的难题。只要掌握这套"彩虹屁公式"，就能让夸赞成为孩子爱上学习的魔法咒语，激励他们在学习的道路上勇往直前。下面就让我们一起解锁这些神奇的夸赞技巧。

1. 描述过程 + 表达感受

对话场景：齐齐努力背单词，测验取得进步。

一般沟通：考得不错，继续加油。

高情商沟通：宝贝，你这次单词测验进步这么大，妈妈知道你背后下了不少功夫。每天晚上你都认真背单词，这份坚持太让妈妈感动了，继续保持，你肯定会越来越优秀！

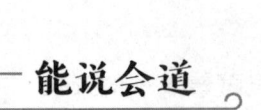

2. 指出细节 + 给予肯定

对话场景：小萱写了一篇作文，老师在课堂上表扬了她。妈妈看到作文后，进一步夸赞小萱。

一般沟通：作文写得挺好。

高情商沟通：宝贝，你这篇作文对（具体情节或描写）刻画得实在太生动了，比如这一句"我家的小猫长着圆圆的脑袋、圆圆的鼻子、圆圆的眼睛"，一下就把画面展现在妈妈眼前。你的想象力和文字表达能力都很强，继续发挥你的优势，以后你肯定能写出更多优秀的作文！

3. 对比变化 + 强调努力

对话场景：小辉这次数学考试进步很大，看到试卷后，妈妈表扬了小辉。

一般沟通：这次数学考得比上次好。

高情商沟通：哇，这次数学成绩进步这么多！和上次相比，你在计算题上有了很大的突破。妈妈知道你在数学学习上付出了很多努力，每天都认真做练习题，你看，这些努力都体现在成绩上了，继续加油，你会越来越厉害！

4. 表达感谢 + 赋予价值

对话场景：闹闹写完作业后，主动整理书包。

一般沟通：书包整理得真整齐。

高情商沟通：宝贝，谢谢你主动整理书包，让妈妈看到了你的责任心。自己整理书包不仅能让你养成良好的习惯，还能为第二天的学习做好准备，你的这个举动太值得表扬啦！

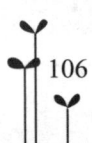

5. 提出期待 + 鼓励尝试

对话场景：凯凯在课堂上积极发言。

一般沟通：你上课积极发言，做得好。

高情商沟通："宝贝，妈妈听说你在课堂上积极发言，特别棒！你的勇敢表达不仅能锻炼自己的能力，还能给同学们提供新的思路。妈妈期待你以后能尝试更多具有挑战性的问题，大胆说出自己的想法，相信你一定可以做到！"

6. 夸奖态度 + 表达愿景

对话场景：7岁的小宇在绘画兴趣班上画了一幅画儿，虽然画得不是特别完美，但胜在态度认真。老师把画儿拿给家长看，妈妈夸赞了小宇。

一般沟通：小宇，你画得不错，有画画儿的天赋。

高情商沟通：小宇，看到你这幅画儿，妈妈特别感动。画儿里的每一笔都很认真，颜色搭配也很用心。妈妈知道你在绘画兴趣班上学习得特别认真，而且每次都能积极完成老师布置的任务。这种认真的态度比画得好不好看更重要，只要你一直保持这样的态度，不管学什么都能学得很好。

孩子顶嘴时，
一句话让他心服口服

在孩子成长的过程中，顶嘴是让许多父母头疼不已的难题。孩子在顶嘴时，往往并非故意与父母作对，而是他们自我意识觉醒、渴望表达的体现。此时，若父母处理不当，极易引发亲子冲突，破坏家庭和谐的氛围。掌握巧妙的回应话术不仅能化解顶嘴危机，还能借此引导孩子正确表达，促进亲子关系的良性发展。接下来让我们一同探寻这些神奇话术，更好地化解顶嘴冲突，陪伴孩子快乐成长。

场景再现

晚饭后，妈妈让10岁的浩浩去写作业，浩浩却坐在沙发上看电视，迟迟不动。妈妈忍不住催促："浩浩，别看电视了，快去写作业，明天还要上学呢。"浩浩不耐烦地回应："你怎么总是催我，我才看一会儿，烦死了！"妈妈听了，生气地说："你怎么跟妈妈说话呢？赶紧把电视关了，马上去写作业，别磨蹭！"

试着 这样沟通

妈妈深吸一口气,平静地说:"浩浩,妈妈知道你正看得入迷,突然被打断肯定不开心。但咱们之前说好了,看完这一集就去写作业,对不对?你要是现在去写,说不定写完还能再看一小会儿,怎么样?"浩浩听后,觉得妈妈说得有道理,不好意思地说:"那好吧,我先去写作业。"这样不仅成功化解了顶嘴冲突,亲子关系也缓和了。

能说会道

当孩子顶嘴时,家长如何回应是门大学问。不当的回应如同火上浇油,会让亲子关系陷入紧张;而恰当的话术则像及时雨,能迅速平息风波,让孩子心服口服。这些话术是理解的桥梁,是引导的工具,能将顶嘴危机转化为教育契机。下面就为你揭晓应对孩子顶嘴的实用话术。

1. 表达理解,引导情绪

对话场景:小辉想买玩具,妈妈觉得家里已经有很多同类的玩具了,不想给小辉买,小辉很生气,和妈妈顶嘴。

一般沟通:不行就是不行,别闹了,再闹以后什么都不给你买!

高情商沟通:宝贝,我知道你特别喜欢那个玩具,不能买你肯定很失望,心里也有点儿生气,对不对?不过咱们家里已经有好多类似的玩具了,我们可以回家看看,说不定能找到更好玩儿的玩法,你觉得呢?

能说会道

2. 用提问引导思考

对话场景：小萱觉得作业太多了,让自己根本没有时间玩耍,很不高兴。妈妈催她写作业的时候,忍不住跟妈妈顶起了嘴。

一般沟通：作业多也得写,别人都能写完,你怎么就不行?

高情商沟通：听起来你是觉得作业多,压力大。那你仔细想想,是哪些作业让你觉得困难,或者有没有什么办法能让写作业变得轻松点儿呢?我们一起讨论讨论。

3. 用幽默缓解气氛

对话场景：小宇早上赖床,上学就要迟到了,妈妈催他起床。

一般沟通：还睡?再睡就迟到了,赶紧起来!

高情商沟通：小懒虫,太阳都晒屁股啦!再不起床,学校的小伙伴们可就要想你喽,说不定他们还以为你被"瞌睡虫"抓走啦,快起来和"瞌睡虫"战斗!

4. 语气温和,明确规则

对话场景：小峰在商场里非要买一个价格昂贵的模型,妈妈不同意,小峰顶嘴说:"别人都有,我为什么不能有?你就是舍不得给我花钱。"

一般沟通：小峰,不是妈妈舍不得花钱,这个模型太贵了,我们不能想要什么就买什么。

高情商沟通：小峰,妈妈知道你很喜欢那个模型,妈妈也希望能满足你的所有愿望。但是我们家里有一个"购物小规则",买东西时要考虑它的价格是不是合理,是不是我们真正需要的。就像买学习用品,哪怕贵一点儿,但只要对学习有帮助,妈妈也会支持你买。这个模型

虽然很酷炫，但是价格超出了我们的预算。

5. 肯定想法，纠正态度

对话场景：图图因为不满父母安排的活动而顶嘴。

一般回应：我们都是为你好，你怎么就不明白呢？必须听我们的！

高情商回应：我知道你对这次活动安排有自己的想法，这很好，说明你有主见。但我们安排这个活动是希望你能开心，学到知识。如果你有更好的建议，我们可以一起商量，但是不能用这种顶嘴的方式哟，这样不礼貌。

能说会道

睡前5分钟聊天儿术，
轻松成为孩子心中的超人

在孩子的成长过程中，睡前时光是亲子关系升温的黄金时刻。若能巧妙运用这短短5分钟，父母就可能走进孩子的内心世界，成为他们最信赖、最崇拜的人。一段温馨的对话能够驱散孩子一天的烦恼，给予他们安全感和力量。接下来让我们一同探索如何利用睡前5分钟，通过聊天儿增进亲子感情，在孩子心中树立无可替代的超人形象。

场景再现

晚上睡觉前，明明躺在床上，妈妈坐在床边准备关灯。明明突然说："妈妈，我今天在学校和同学闹矛盾了。"妈妈一边关灯一边说："这么晚了，别想这些不开心的事，赶紧睡觉，明天就忘了。"明明心里很失落，觉得妈妈不关心自己，他翻来覆去睡不着，从此对妈妈也有些疏远了。

试着这样沟通

明明说和同学闹矛盾后，妈妈立刻停下关灯动作，重新坐好，温柔地

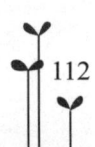

说："宝贝，你和同学闹矛盾肯定心里很不好受，快跟妈妈说说，到底是怎么回事儿？"明明把事情的经过讲了一遍。妈妈认真地听完，说："原来是这样，你当时肯定很委屈。其实同学之间偶尔有摩擦很正常，妈妈小时候也遇到过。你很重视和同学的关系，所以才会这么在意这件事，这说明你是个很善良、重感情的孩子。我们一起想想如果下次遇到类似情况应该怎么处理，好不好？"明明和妈妈讨论了一会儿，心情好了很多，他开心地说："妈妈，你真好，我知道以后该怎么做了。"说完，明明安心地睡着了，妈妈也因此在明明的心中树立了温暖、智慧的形象。

能说会道

孩子的睡前时光宛如一座宝藏，蕴藏着增进亲子关系的无限可能。这短短 5 分钟的聊天儿是心与心靠近的契机，是孩子打开心扉倾诉的窗口。只要掌握这些聊天儿技术，家长就能在温馨对话里给予孩子陪伴与引导，成为孩子心中温暖又可靠的超人。下面就为大家揭晓实用的睡前聊天儿技巧。

1. 分享有趣经历

对话场景：晚上，小辉躺在床上准备睡觉。妈妈坐在床边，等着他入睡。

一般沟通：小辉，睡吧，明天还要上学呢。

高情商沟通：小辉，妈妈今天在上班的路上看到一只特别可爱的小狗，它穿着一件小毛衣，像个小团子一样在路边跑来跑去，好多人都被它吸引了。你要是看到了，肯定也会觉得它超级有趣。你今天在学校有没有遇到什么好玩儿的事情啊？

2. 解决小烦恼

对话场景：涛涛睡前看起来有点儿不开心，妈妈察觉到了，坐在他床边询问。

一般沟通：你怎么了？快点儿睡觉，别想太多。

高情商沟通：涛涛，妈妈发现你好像不太开心，是不是在学校遇到什么小烦恼了？说出来，妈妈和你一起想办法解决。

3. 回忆美好瞬间

对话场景：艳艳因为白天和小伙伴闹矛盾，睡前有些不开心。

一般沟通：别想那些不开心的事，快点儿睡觉。

高情商沟通：宝贝，还记得上次我们一起去公园放风筝吗？那时候风特别大，风筝飞得好高好高，你笑得可开心了，想想就觉得很美好。

4. 讲温馨小故事

对话场景：小峰躺在床上，妈妈坐在旁边，准备给他讲个小故事。

一般沟通：小峰，我给你讲个故事，听完就要睡呀。

高情商沟通：小峰，今天妈妈给你讲一个关于小兔子的故事。在一片美丽的森林里，住着一只可爱的小兔子。有一天，小兔子要去森林的另一边看望外婆。它在路上遇到了很多困难，但是它没有被吓倒，勇敢地克服了一切困难，最后终于见到了外婆，还收获了很多快乐。你猜猜小兔子遇到了哪些困难？

5. 表达爱意与肯定

对话场景：欣欣正准备入睡。

一般沟通：睡吧，晚安。

高情商沟通：宝宝，今天你主动收拾碗筷，真的特别棒！你就是妈妈心中最温暖、最贴心的小宝贝，妈妈爱你，晚安啦。

6. 讨论梦想与未来

对话场景：10 岁的小萱洗漱完，躺在床上，妈妈走进房间和她聊天儿。

一般沟通：小萱，快睡吧，明天还要早起。

高情商沟通：小萱，妈妈今天突然想到一个问题，你长大了想做什么呀？是想成为科学家，探索宇宙的奥秘，还是想当画家，画出美丽的世界？妈妈觉得你是一个努力又聪明的孩子，只要你坚持努力，一定可以实现梦想。

黄金话术集锦

1. 这样说孩子才会听：亲子沟通的魔法句式

① 宝贝，我知道你想玩游戏。但如果你先完成作业，再玩游戏时会更痛快，你觉得呢？

② 乖孩子，你画画儿时很专注，要是练琴也这样，肯定能弹出好听的曲子，现在试试怎么样？

③ 宝贝，看到你主动收拾玩具，妈妈/爸爸很开心，如果每天都这样，咱家会更整洁，你愿意保持吗？

④ 孩子，我理解你现在不想睡，可充足的睡眠能让你明天更有精力，现在上床做个美梦，好吗？

⑤ 宝贝，我知道你喜欢这个玩具，不过目前你的零花钱不够。先把它记下来，下次表现好我就把它当奖励送给你，这个主意怎么样？

⑥ 乖孩子，外面天气好，我们可以一起出去骑自行车，既能锻炼又能晒太阳，比在家有趣，去不去？

⑦ 宝贝，你讲故事很生动，把故事写下来说不定能编成一本童话书，现在就拿笔记录你的故事吧。

⑧ 孩子，我知道你不爱吃蔬菜，可蔬菜营养多，吃了能像超级英雄一样厉害，尝一点儿吧，也许味道没有那么糟。

⑨ 宝贝，我知道你想和小伙伴多玩会儿，但吃饭时间到了。先回家吃饭休息，下午再去玩，好不好？

⑩ 乖孩子，你主动帮助邻居搬东西，很善良。如果你能经常帮助别人，大家会更喜欢你，以后继续做好事，好吗？

2. 不伤孩子自尊的10个批评话术

① 宝贝，这次考试成绩不太好，我知道你心里不好受。咱们一起分析错

题，下次肯定能进步。

② 孩子，你今天对奶奶说话时语气不好，奶奶会伤心的。想想怎么向奶奶道歉，以后怎么礼貌表达，好吗？

③ 宝贝，你把玩具扔得到处都是，家里不仅乱，还容易碰伤你。现在我们一起收拾，以后玩完玩具就放回原位，养成好习惯，好不好？

④ 孩子，我知道你不是故意打破花瓶的，让我们一起想想该怎么弥补。以后做事要更小心一些，好吗？

⑤ 宝贝，你在幼儿园和小朋友抢玩具，小朋友会不开心，也会影响你们的友谊。想想以后遇到喜欢的玩具该怎么做，好吗？

⑥ 孩子，我发现你做作业时经常分心，影响写作业的效率和质量。让我们一起制订一个学习计划，规定学习和休息时间，既能学好又能玩好，你觉得怎样？

⑦ 宝贝，你今天撒谎了，妈妈/爸爸很失望。我知道你可能有自己的原因，但撒谎是不对的。说说你为什么撒谎，以后诚实面对，好吗？

⑧ 孩子，你把墙壁画得很乱，虽然有创意，但会破坏房间的整洁。我们一起清理，以后你想画就在纸上画，还可以贴在墙上展示，好不好？

⑨ 宝贝，我知道你不是故意迟到的，但迟到不仅让大家等，还影响老师上课。想想以后怎么按时起床出门，不再迟到，好吗？

⑩ 孩子，你在公共场合大声喧哗会打扰别人。一起想想在公共场合该怎么做，既能玩得开心又不影响他人，好吗？

3. 把"不许哭"换成金句，孩子瞬间变坚强

① 宝贝，哭很正常，但妈妈/爸爸相信你能用更勇敢的方式面对困难，让我们一起想想办法，好吗？

② 孩子，眼泪解决不了问题，勇气和智慧才行。让我们一起看看怎么克服困难，我相信你可以。

③ 宝贝，哭一会儿可以，但现在要振作起来。你是坚强的孩子，一定能战胜小麻烦。

④ 孩子,谁都会碰上想哭的事,重要的是从挫折中振作起来。你愿意和我一起勇敢面对吗?

⑤ 宝贝,我知道你很难过,哭不代表软弱,但坚强面对才是真勇敢。让我们一起加油,共渡难关。

⑥ 孩子,眼泪是信号,它提醒我们要更努力。让我们一起想想,如何把挫折变成成长的机会,好吗?

⑦ 宝贝,哭改变不了现状,行动才能。让我们一起行动,解决问题,让自己变坚强。

⑧ 孩子,遇到困难想哭很正常,你的潜力无限,比我们想象中坚强。让我们一起挖掘潜力,克服困难,好不好?

⑨ 宝贝,眼泪会模糊视线,看不清解决办法。擦干眼泪,让我们冷静思考解决办法,好吗?

⑩ 孩子,哭是暂时的,坚强才是一生的武器。让我们一起用坚强打败困难,走向成功。

4. 夸出学霸体质:让孩子爱上学习的"彩虹屁公式"

① 宝贝,这次你的数学作业全对,你的数字敏感度高、逻辑清晰,继续保持,以后你一定能成为数学小天才!

② 孩子,你的作文写得太精彩了,语言美、情节妙、想象力丰富,你是天生的作家,以后肯定佳作不断。

③ 宝贝,你在英语课上积极答题,发音标准、语法准确,拥有对英语的热情和天赋。

④ 孩子,你在做科学实验时专注又仔细,分析有条理,这种探索精神一定能让你在科学领域崭露头角。

⑤ 宝贝,你这次考试进步很大,背后付出的努力有目共睹,继续加油!

⑥ 孩子,你背诵古诗词又快又准,理解还深刻,对传统文化的热爱和领悟力能让你的文学道路一片光明。

1. 家长说：老师，我家孩子说最喜欢你。

   高情商回答：感谢孩子的信任，这是咱们家校共育的结果，孩子的进步也离不开您的用心。

2. 学生问：老师，我这次考得不好，怎么办？

   高情商回答：分数只是检测器，老师更关心你哪些知识点需要"补氧"，我们一起制订计划好吗？

3. 同事抱怨：当老师太累，工资又低。

   高情商回答：虽然辛苦，但每次看到学生眼里的光，就觉得我们在培养"未来的投资人"呢。

4. 新教师被夸课讲得十分精彩。

   高情商回答：都是教研组前辈们把经验"开源共享"了，我还在持续"版本升级"。

5. 学生说：学这个有什么用？

   高情商回答：就像玩游戏要先练技能点，现在学的都是为未来"解锁人生新地图"储备的钥匙呀。

6. 领导听课评价：课堂氛围很活跃。

   高情商回答：孩子们才是课堂的"首席内容官"，我只是帮他们搭建"思维舞台"。

7. 同事请教管理班级秘诀。

   高情商回答：哪有什么秘诀，无非是多备了"情绪创可贴"和"进步放大镜"。

8. 学生抱怨：为什么总针对我？

   高情商回答：足球教练会特别指导有潜力的队员，你觉得老师为什么总"推送提醒"给你？

9. 当别人问：在吗？

　　高情商回答：不出意外的话，未来50年我都在。

10. 当别人问：吃饭了吗？

　　高情商回答：如果你请客，我愿意再吃一次。

11. 当同事问你的工资时。

　　高情商回答：咱俩应该差不多吧，你的工资是多少呢？看你平时花销也挺多的，你的工资应该比我高吧。

12. 当领导给你安排高难度工作时。

　　高情商回答：好的领导，不过我缺乏经验，有些事情还需要您的帮助和指导。

13. 当朋友向你借钱，你不想借时。

　　高情商回答：谢谢你，我太感动了，你是第一个觉得我有钱的人。

14. 会议上，领导发表意见后询问你的想法时。

　　高情商回答：领导，我很认同您的想法，我这边先按照您的指示执行，如果有问题我再反馈给您！

15. 饭局上，当领导说加个微信时。

　　高情商回答：太好了，能和您保持联系是我的荣幸。

16. 当领导问你：发财树怎么死了。

　　高情商回答：领导，树死了，那就只剩下发财了呀！

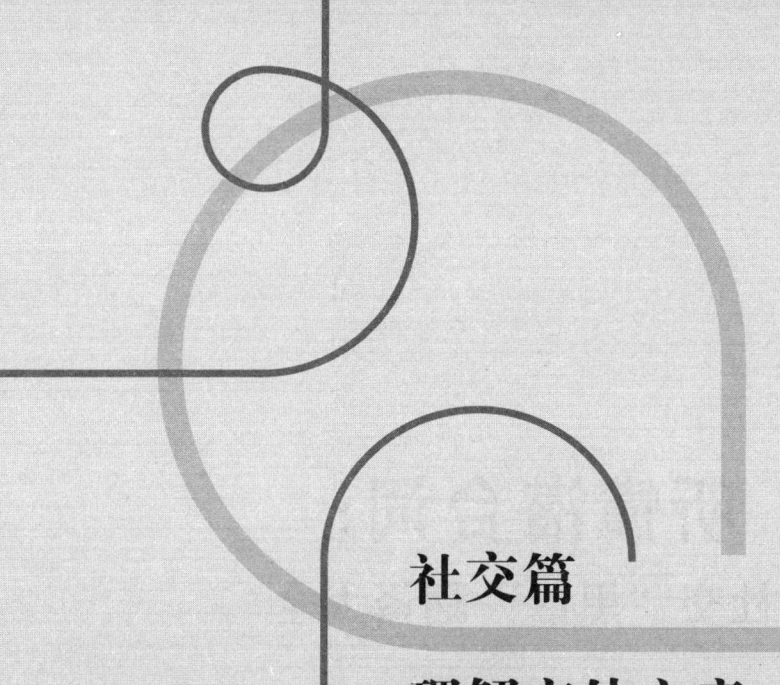

社交篇

理解言外之意,让你在社交中更从容

　　社交场合犹如一个复杂的大熔炉,理解言外之意是从容应对的关键。社交"黑话"暗藏深意,只有听懂它才不至于闹笑话;用梗接住试探,能优雅守住个人边界;面对不想回答的问题,高情商可以将其变成笑点;社交恐惧者也能凭借万能接话模板打破交流障碍。掌握这些社交技巧后,你就可以洞察他人的真实意图,让沟通更加顺畅,轻松融入各种社交圈子,成为社交达人。

听懂潜台词：
社交"黑话"翻译大全

在社交场合中，人们的话语常常暗藏弦外之音。那些没有直说的潜台词就像隐藏在暗处的线索，能否精准捕捉并理解其中的深意直接影响我们的社交体验。掌握这些社交"黑话"就等于拿到了社交场合的"通关密语"，能让我们迅速领会他人意图，避免造成尴尬与误解，让我们在社交中更加游刃有余，轻松成为社交达人。接下来让我们一起揭开社交"黑话"的神秘面纱。

场景再现

小李和朋友一起逛街，朋友看到一家店，说："这家店看起来还不错，有机会可以来逛逛。"小李没多想，说："好哇，下次来。"可是在之后的很长时间，小李都没再提这件事。朋友觉得小李不重视自己的提议，心里有些不满。一次聚会，朋友又说："上次说的那家店，我后来去了，还挺有意思的，你都没去看看。"小李这才意识到朋友当时其实很想去，只是说得委婉，自己却没领会，弄得两人之间出现了隔阂。

社交篇　理解言外之意，让你在社交中更从容

试着这样沟通

朋友说那家店看起来还不错时，小李笑着回应："哇，听起来就很吸引人呢，看你这表情，是不是已经心痒痒啦？要不咱们现在就进去瞅瞅，说不定能淘到不少宝贝。"朋友听后，开心地说："好哇，我其实早就想去了，就怕你没时间。"两人一起进店逛了起来，玩得很愉快。朋友觉得小李很懂自己，从此两人的关系变得更加亲密。

能说会道

在社交场上，语言是门大学问，表面话语的背后往往暗藏着深意。听懂这些潜台词是建立良好人际关系的关键。它能让我们迅速理解他人的真实想法，做出恰当回应，避免造成误会。下面就来看看常见社交"黑话"及正确"翻译"，助你轻松游走在社交圈，成为社交高手。

1. 聚会邀约类

对话场景：小李对同事小王说："小王，周末有空一起聚聚呀。"
一般理解：小王（欣然答应）："好哇，我周末正好没事。"
潜台词：别人可能只是礼貌性邀约，不一定真的会组织聚会，或者只是顺口一说，没有太明确的计划。如果小王答应后，小李没有后续行动，也不必太在意。

2. 赞美背后的含义

对话场景：小张对朋友小赵说："你这件衣服真好看，很有个性。"

能说会道

　　一般理解：小赵（开心）："谢谢，我也觉得这件衣服挺特别的。"

　　潜台词：可能这件衣服真的好看，但也有可能是小张不太喜欢这种风格，用"有个性"委婉表达出自己的看法。小赵可以简单回应，不必过度解读。

3. 请求帮忙类

　　对话场景：小孙对同学小周说："小周，你最近忙不忙啊？我有点儿事情想找你帮忙。"

　　一般理解：小周（直接问）："什么事呀，你说吧。"

　　潜台词：小孙可能担心直接说事情会给小周造成压力，先试探小周是否有时间和精力。如果小周愿意帮忙，可以回应："不太忙，你说吧，能帮的我肯定帮。"如果没时间，可以委婉拒绝："最近事情有点儿多，可能帮不上忙，真不好意思呀。"

4. 拒绝邀约类

　　对话场景：邻居张姐对刘姐说："刘姐，今晚小区有活动，咱们一起去呗。"刘姐说："哎呀，我今晚有点儿累了，下次吧。"

　　一般理解：刘姐（单纯累了）："好吧，那下次再一起。"

　　潜台词：刘姐可能并不想参加这次活动，以"累了"为借口。张姐不必勉强，可以回应："好哇，那你好好休息，等下次有活动再一起去。"

5. 工作评价类

　　对话场景：领导对下属小陈说："小陈，你这次的方案有一些创新点，不过还有提升空间。"

一般理解：小陈（思考提升方向）："好的领导，我会改进的。"

潜台词：虽然领导说方案有创新点，但整体可能不太符合领导的预期，方案需要大改。小陈应主动向领导请教具体的改进意见，以便更好地完善方案。

6. 借物请求类

对话场景：小吴对室友小郑说："小郑，我最近想学习烹饪，你那口闲置的平底锅能不能借我用用？"

一般理解：小郑（大方回应）："行啊，你直接拿就行！"

潜台词：小吴提出借物需求，担心会给小郑带来不便或损坏物品后不好交代。小郑若同意借，可暖心安抚："放心用，有啥问题跟我说。"若不方便借，可委婉拒绝："最近我家人可能会来，得用这锅，下次再借给你。"

7. 闲聊试探类

对话场景：亲戚阿姨对表妹说："听说你最近工作挺稳定，有没有找对象的打算哪？"

一般理解：表妹（如实回答）："暂时没这个打算，我想先专注工作呢。"

潜台词：亲戚阿姨可能受家人的委托来打探消息，或是出于自身的八卦心理。若表妹不想深入讨论，可幽默打岔："阿姨，这缘分说不定明天就来了，先不说我啦，您最近有没有遇到什么趣事？"

能说会道

用梗接住试探，
优雅守住边界

在社交场合中，我们难免遭遇他人的试探，这些试探或直白或隐晦，如果处理不当可能让自己陷入被动，甚至破坏人际关系。此时，巧妙用梗来回应既不会导致气氛变得尴尬，又能明确表明自己的态度，守住个人边界。它是一种社交智慧，能在谈笑之间化解潜在冲突，让交流在舒适的轨道上继续。接下来就为你揭秘如何巧妙用梗，从容应对社交试探。

场景再现

社交聚会上，一个不太熟的人问小周："你一个月工资多少哇？"小周觉得这个问题涉及隐私，不太想回答，但又不好直接拒绝，犹豫了一下说："就那样呗，够生活。"那人却不依不饶，继续问："到底多少哇，说说嘛，大家都是朋友，别这么小气。"小周顿时感到有些尴尬，脸涨得通红，周围的人也投来好奇的目光。小周不知道该如何化解这样的局面，聚会的氛围也变得有些微妙。

社交篇　理解言外之意，让你在社交中更从容

试着这样沟通

小周笑着说："你简直比我的老板还关心我的收入呢！你知道吗，我一直觉得工资就像我的'秘密花园'，里面藏着各种酸甜苦辣。要是轻易透露，那就像花园没了围墙，失去神秘感啦。不过话说回来，咱们今天是来享受聚会的，可以聊点儿更有趣的话题，比如你最近有没有遇到什么超搞笑的事？"大家听了之后都笑起来，提问者也不好意思再追问，话题自然地转到轻松愉快的方向，小周成功守住了自己的隐私边界。

能说会道

在社交中，他人的试探常常悄然而至，若应对不当，我们便容易陷入窘境。而巧妙用梗能把棘手的试探转化为轻松的调侃，既优雅守住自己的边界，又不让关系变得僵硬。接下来让我们一同探索用梗接住试探的技巧，提升社交应变能力。

1. 用流行梗转移焦点

对话场景：同学聚会上，许久未见的同学突然问："你都工作这么久了，还没升职呀？"

一般回应：唉，别提了，升职哪有那么容易。

高情商回应：唉，升职这事讲究"天时地利人和"，我还在等我的"东风"呢。你呢，最近事业是不是一路"狂飙"？（用"天时地利人和""狂飙"等流行梗转移焦点，巧妙化解尴尬）

2. 借影视梗模糊回应

对话场景：在亲戚聚餐中，亲戚问："你找对象要求那么高，到底想找啥样的人哪？"

一般回应：就想找个合适的呗。

高情商回应：我呀，就想找个像《老友记》里钱德勒那样幽默又靠谱儿的人，不过这种"宝藏"可不好找，只能慢慢碰运气啦！

3. 拿游戏梗巧妙婉拒

对话场景：朋友约你参加一个你不感兴趣的活动，说："大家都去，你可不能缺席呀！"

一般回应：我不想去，祝你们玩得开心。

高情商回应：宝，你这邀请就像游戏里的"强制任务"，但我最近忙着"升级打怪"，实在抽不开身，下次我组局，保准把精彩补上！（用游戏梗巧妙婉拒，在表达歉意的同时，给下次相聚留余地）

4. 以动漫梗幽默回怼

对话场景：有人在社交平台评论："看你天天发旅游照片，家里肯定很有钱吧？"

一般回应：关你什么事，别乱猜。

高情商回应：哟，你这想象力都快赶上《哆啦A梦》了，我只是一个爱记录生活的普通人，旅游是我努力工作的"充电"方式。（用动漫梗幽默回怼，既表明态度，又不失礼貌）

5. 用网络热梗轻松调侃

对话场景：同事问："你是不是在偷偷学什么技能,最近怎么这么神秘?"

一般回应：没什么,就是随便看看书。

高情商回应：我这是在"闭关修炼"呢,等我"出山",给大家来个"惊艳全场",现在先保持神秘哈!（用网络热梗"闭关修炼""惊艳全场"轻松调侃,既不透露具体信息,又让现场氛围轻松愉悦）

高情商打太极：
把不想回答的问题变成笑点

在社交中，我们难免会遇到一些不想回答的问题，生硬拒绝会显得没有礼貌，如实作答又可能让自己不舒服。这时，高情商打太极的技巧就派上用场了。通过巧妙转化，我们可以把不想回答的问题变成引人发笑的笑点，既能化解尴尬，又能维持社交和谐。接下来让我们一起探索如何运用这一技巧，让自己在社交场合中更加游刃有余，轻松应对各种棘手提问。

场景再现

在公司的团建活动中，一位同事好奇地问小孙："听说你最近在和隔壁部门的某某谈恋爱，是不是真的呀？"小孙和那位同事只是普通关系，并不想向他透露自己的感情状况，他尴尬地笑了笑说："没有的事，别瞎猜。"同事却不罢休，继续追问："看你的表情就像有情况，快说说，大家都很关心呢！"小孙感到很无奈，又不知道该怎样应对，周围同事的目光都聚焦过来，让他浑身不自在。

社交篇　理解言外之意，让你在社交中更从容

试着这样沟通

小孙笑着说："你这消息来源简直比'朝阳群众'还厉害呢！不过你知道吗，我最近确实在'恋爱'，对象就是我的工作呀！每天我都和它形影不离，为它'牵肠挂肚'，投入了超多精力。至于隔壁部门的某某，可能是我们在工作上交流多了点儿，让你产生误会啦！看来我得注意一下，不能让工作'吃醋'，不然它该不好好'干活儿'啰！"大家听后哄堂大笑，那位同事也不再继续追问。小孙巧妙地将不想回答的问题转化为轻松的笑点，化解了尴尬。

能说会道

在社交场合里，突如其来的尴尬提问常常让人措手不及。你往往不想回答，却又担心场面僵住。高情商打太极的技巧能帮你巧妙化解这类困境，它能把难以应对的问题转化为轻松笑点，既守住个人隐私和底线，又不至于使交流冷场。接下来就让我们深入了解具体方法，提升自己的社交技能。

1. 模糊回答转移话题

对话场景：在一次行业交流会上，有同行问小沈："你们公司今年的利润大概是多少哇？"

一般回应：这是公司机密，不方便透露。

高情商回应：我们公司的利润就像天上的云彩，有时候厚一点儿，有时候薄一点儿，变化莫测。不过我觉得比起利润，我们公司在产品创新和客户服务方面的成果更值得一聊。我们公司最近推出的那个新产品市场反响特别好，你了解过吗？

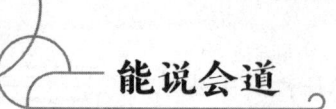
能说会道

2. 用玩笑回避

对话场景：在朋友聚会上，有人问小吕："你谈过几次恋爱呀？"

一般回应：这是我的私事，别问了。

高情商回应：我谈过的恋爱次数就像天上的星星，数都数不清。不过有的星星一闪而过，有的则停留久一点儿，都成了我人生中独特的回忆。话说回来，你们最近有没有遇到什么好玩儿的事情，快和我分享分享！

3. 以反问回敬

对话场景：在商务谈判中，合作方代表问小方："你们公司这次项目的预算上限是多少？"

一般回应：这个不方便透露。

高情商回应：您提出的这个问题很关键。不过我更好奇的是，您认为我们在这个项目上投入多少预算才能达到您心中理想的效果呢？

4. 用假设回应

对话场景：在同学聚会上，有同学问小周："如果你中了500万，会怎么花？"

一般回应：没想过，不知道。

高情商回应：如果我中了500万元，我就先去买一艘宇宙飞船，到月球上建个度假别墅，每天对着地球"赏月"。不过这也只是想想，还是聊聊现实点儿的话题吧，你们最近工作怎么样？

5. 自嘲式回避

对话场景：在某一社交场合,有人问小吴:"你这么优秀,怎么还没有对象啊?"

一般回应：哎呀,别提了,缘分还没到。

高情商回应：可能是我太优秀了,优秀到连丘比特都觉得我不需要对象,把我的爱情箭射向别人了。不过我觉得一个人也挺自在的,每天可以做自己喜欢的事。你们呢,和对象相处有什么趣事,快跟我分享分享!

社交恐惧急救包：
7句万能接话模板

社交场合对于有社交恐惧的人来说，常常如战场一般令人紧张。别人抛出的话题，自己却不知该如何回应，担心说错话、冷场，种种担忧让交流变得更加艰难。掌握一些万能接话模板就能巧妙化解这种尴尬和紧张，让社交变得更轻松。这些接话模板是应对社交恐惧的"急救包"，能帮你在社交中迅速找到回应的具体思路，轻松地应对各类对话场景。

场景再现

一场社交晚宴上，小郑由于性格内向，一直站在角落里，不敢主动和别人交流。这时，一位女士走过来，微笑着对他说："今天的晚宴布置得真漂亮，你觉得呢？"小郑紧张得不知所措，憋了半天只说了一个字："嗯。"女士尴尬地笑了笑，不知道该怎么继续对话，场面陷入短暂的沉默，小郑此时心里懊悔不已，觉得自己错过了一次交流的好机会。

社交篇　理解言外之意，让你在社交中更从容

试着这样沟通

小郑笑着回应："是呀，这晚宴布置得太有格调了！每一处细节都透露出主办方的用心，灯光、装饰都搭配得恰到好处，让人感觉特别舒服。你今天的礼服也很出彩，与晚宴的氛围相得益彰，能冒昧问一下这件礼服是在哪里买的吗？"女士听后，眼睛一亮，开心地说："谢谢你的夸奖，这件礼服是我在（具体店铺）买的……"两人由此顺利展开了愉快的交流，小郑也逐渐放松下来，成功克服了社交恐惧，融入晚宴的氛围中。

能说会道

社交恐惧常常会成为我们与他人顺畅交流的阻碍，面对他人的突然问话，我们的大脑容易瞬间"死机"，不知如何接话。其实只要掌握一些万能接话模板，我们就能轻松化解这种困境，让交流得以顺利进行。接下来就为大家分享7个万能且实用的接话模板，帮助社交恐惧人群在各种社交场合应对自如，打破交流障碍，逐渐变得自信从容。

1. 重复关键词 + 提问

对话场景：在朋友聚会上，有人说："我最近迷上了摄影，到处去采风。"

一般接话：你都去哪儿采风？

高情商接话："摄影，听起来好有趣！你都去哪些地方采风，一定拍了很多绝美的照片吧？"（重复"摄影"关键词，再提问，引导对方分享，让自己有话可接）

2. 表达共鸣 + 分享类似经历

对话场景：同事说："今天加班到好晚，累惨了。"

一般接话："哦，辛苦了。"

高情商接话："太理解你了！我上次也加班到很晚，那种疲惫感真的会让人崩溃。不过在忙完的那一刻，又觉得挺有成就感的，你这次加班是在忙什么重要项目吗？"（先表达共鸣，再分享类似经历，自然询问引出新话题）

3. 给予赞美 + 询问细节

对话场景：同学说："我最近参加了一个比赛，还拿了奖。"

一般接话："哇，厉害！"

高情商接话："哇，你也太牛了吧！能在比赛里获奖，肯定特别不容易。快和我讲讲，是什么比赛呀，你又是怎么准备的？"（先给予赞美，再询问比赛细节，激发对方的分享欲，让对话内容丰富起来）

4. 关联热点 + 发表看法

对话场景：邻居说："最近那部新上映的科幻电影，你看了吗？"

一般接话："没看呢。"

高情商接话："还没看，但这部电影最近在网上可火了，大家都在讨论它的特效和剧情。我听说特效特别震撼，就是不知道剧情怎么样，你觉得好看吗？"（关联网络热点，发表自己对电影的听闻，再询问对方看法，让对话持续下去）

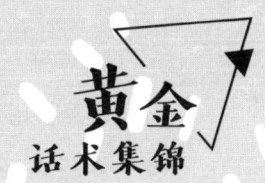

黄金话术集锦

1. 听懂潜台词：社交"黑话"翻译大全

① 改天请你吃饭：可能只是客套，近期大概率不会真的请你吃饭。

② 我考虑一下：多半是委婉拒绝，只是不想直接说出来。

③ 我最近有点儿忙：言外之意是不想和你有过多交集，或者没时间帮你忙。

④ 下次再约：不一定真的会有下次，只是暂时不想赴约的托词。

⑤ 你真的很好，但我们不适合：一般用于拒绝追求。

⑥ 随便：其实心里有想法，只是不想先表达，想让对方决定。

⑦ 差不多就行了：对事情的要求不高，不必太追求完美。

⑧ 原则上可以：实际上可能有一些限制或条件，不一定能顺利进行。

2. 用梗接住试探，轻松优雅守住边界

① 嘿，听说你最近赚了不少钱哪？回应：哈哈，但那都是"月光族"的自我修养，进账快，出账更快，刚够维持"生存"，哪有什么大钱。

② 你怎么还不找对象啊，是不是眼光太高了？回应：我这是在等我的"真命天子／女"带着七彩祥云来接我，可不想将就，不然怎么上演我的"爱情大片"？

③ 你这工作好像很轻松，每天都在干吗呀？回应：轻松只是表象，实则"暗藏玄机"，我每天都在和各种"小怪兽"（工作难题）战斗，忙着"升级打怪"呢。

④ 你买这么贵的东西，是不是家里有矿啊？回应：矿是没有，不过有个"碎钞机"（爱好），为了它我只能"节衣缩食"，买这么贵的东西都得咬咬牙，心疼好久。

⑤ 你看起来状态不太好，是不是有什么心事？回应：可能是被"情绪小

恶魔"附身了吧，不过我正在努力驱赶它，很快就能"满血复活"啦。

⑥ 你怎么不出去玩哪，是舍不得花钱吗？回应：我这是在为"世界和平"做贡献，减少外出，可以降低碳排放，而且在家也能"云游四海"，乐趣不少呢。

⑦ 你这次考试/比赛怎么没拿第一呀，是不是没努力？回应：我这是故意给别人点儿机会，不能每次都"独占鳌头"，得让大家都有参与感，下次才好再"大展身手"。

⑧ 你怎么还没买房啊，是不是没钱？回应：我这是在等房价"跳水"，再来个"抄底"，现在买房像在"高价接盘"，钱包可不答应。

3. 高情商打太极：把不想答的问题变成笑点

① 问我工资多少？我这工资就像小区的门禁密码，说出来怕"被盗刷"，先保密，等我发达了第一个告诉你，哈哈！

② 问我为啥还不结婚？我在等能一起"拯救世界"的人出现，结婚大事得慎重。找到了请你吃喜糖，现在还在"打怪升级"继续寻找"命中注定"的那个人。

③ 问我房子买在哪儿？我家在"神秘花园"，周围全是美景，位置像宝藏一样要自己探索，等我心情好再带你"寻宝"。

④ 问我和对象感情咋样？就像热播电视剧，剧情跌宕，有笑有泪，精彩得很。等"大结局"了第一时间与你分享，现在敬请期待。

⑤ 问我为啥不生孩子？我在和"小天使"商量晚点儿降临，好多让我享受几年二人世界。说不定哪天惊喜出现，到时候你来帮忙照顾。

⑥ 问我这次考试考得咋样？感觉像开盲盒，不到最后不知结果。成绩出来后，不管是惊喜还是惊吓我都坦然接受，先保持"神秘感"。

⑦ 问我买股票赚了多少？买股票像坐过山车，钱"上蹿下跳"，我都算不清盈亏，像玩"心跳游戏"，别问啦！

⑧ 问我咋没考公务员？我想走与众不同的路，看别样风景。说不定在自己的领域能干出大事业，以后有机会再考，现在先去"闯荡江湖"。

1. 劝酒：感情深，一口闷。

   高情商回答：情深不在酒量，心意全在杯中。我慢慢品，情谊更长久。

2. 劝酒：感情铁，喝出血。

   高情商回答：铁打的友情不怕酒，咱们细水长流更长久。

3. 劝酒：酒是粮食精，越喝越年轻。

   高情商回答：年轻在心不在酒，咱们喝茶养生更长久！

4. 劝酒：人在江湖走，哪能不喝酒。

   高情商回答：江湖路远，清醒才能走得更稳，咱们以茶代酒情更真。

5. 劝酒：只有感情不够，才用饮品来凑。

   高情商回答：感情深浅不在酒，真心相待才长久。

6. 劝酒：一杯下肚，烦恼全无。

   高情商回答：心宽自然无烦恼，清醒才能更逍遥。

7. 劝酒：今天不喝尽兴，就是不给面子。

   高情商回答：面子是互相给的，您的情义我记心里，酒适量，情更浓！

8. 劝酒：酒品如人品，不喝就是不够意思。

   高情商回答：人品看真心，不在酒量高低，我虽少喝，但诚意满分！

9. 劝酒：男人不喝酒，枉在世上走。

   高情商回答：男人魅力靠担当，不在酒量在格局，咱们清醒聊人生，更有滋味！

10. 当对方说：刚在忙，没看到你的消息。

    高情商回答：刚忙完就看到你的消息，真开心哪。

11. 当对方说：我请你吃饭。

    高情商回答：我和好吃的一起等你。

12. 当对方说：我喜欢你。

    高情商回答：余生就让我来照顾你吧。

13. 当对方说：我想你了。

    高情商回答：翻了翻手机，没有你的信息，心里空落落的。

14. 当对方说：你在干吗呢？

    高情商回答：我猜你不是在忙，就是在想我。

15. 当对方说：你懂什么？

    高情商回答：你的视角很独特，不过我有另一个想法想和你分享。

16. 当对方说：我怎么这么笨？

    高情商回答：没关系，慢慢来，我相信你可以的！

17. 当对方说：不行，我没空。

    高情商回答：真不巧，这会儿有点儿忙，晚点找你行吗？

18. 当对方说：我太烦了。

    高情商回答：最近事情有点儿多，等忙完再好好陪你聊。

19. 当对方说：别打扰我。

    高情商回答：我现在需要专注一会儿，待会儿找你哦！

20. 当对方说：这有什么好难过的？

    高情商回答：我理解你的感受，想聊聊吗？

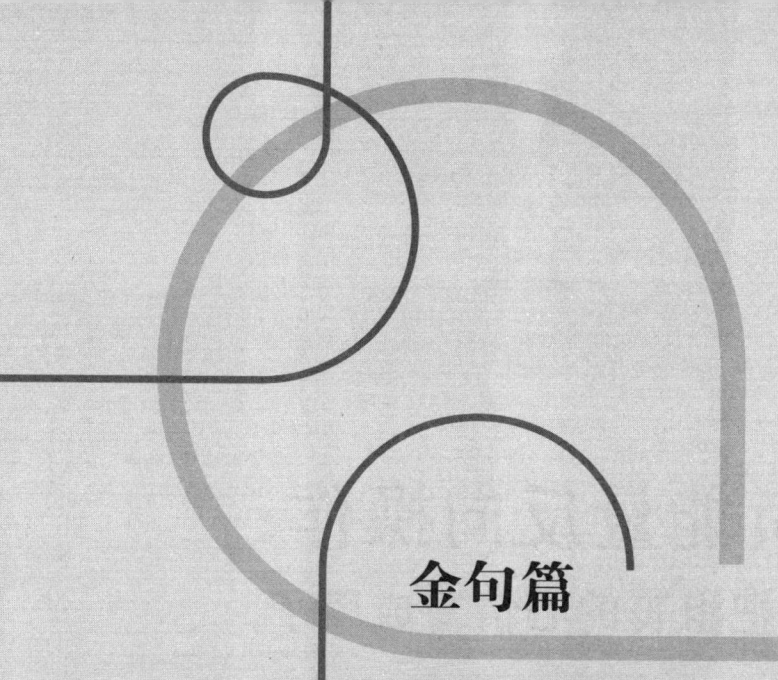

金句篇

朋友圈宝典：
让你收获更多点赞

朋友圈是我们展示自我的窗口，一条好的朋友圈文案能吸引众多点赞与关注。把负能量反向操作，将沮丧的心情写成段子，展现乐观心态；写吃货专属文案，用美食诠释人生哲理；工作吐槽要讲究正确方式，让领导也能笑着点赞；选择独特的节日祝福语，告别群发尴尬。这些金句能让你的朋友圈充满个性与魅力，让朋友们更了解你，让你在网络社交中脱颖而出，收获满满的人气。

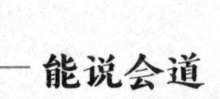
能说会道

负能量反向操作：
把沮丧的心情写成段子

　　在社交媒体时代，朋友圈成为我们展示生活的窗口。当沮丧的心情来袭，你会选择消极抱怨，还是巧妙化解？把丧情绪转化为幽默段子不仅能释放压力，还能展现独特的生活态度，吸引朋友们的关注与共鸣。这些反转的段子就像阴霾中的一抹亮色，能让原本低沉的氛围变得轻松有趣。接下来让我们一起探索如何把沮丧的心情变成"吸赞神器"，让你的朋友圈别具一格吧！

场景再现

　　小林最近工作压力大，他负责的项目接连出现问题，他的心情极度低落。晚上回到家，他看着空荡荡的房间，越发觉得自己一事无成。他打开朋友圈，想倾诉下心情，便写道："又是糟糕透顶的一天，感觉自己像个失败者，做什么都不成。"发完后，他越想越难过，觉得自己的生活毫无希望，只能不停地刷手机，期待有人能来安慰自己，可等来的只是寥寥几个点赞，他的心情越发沉重。

试着这样沟通

小林调整思绪，重新编辑朋友圈："家人们，今天我算是明白了，我可能是被生活选中的'困难体验官'，项目难题一个接一个，就像游戏里永远打不完的小怪兽。不过没关系，说不定哪天生活看我这么努力'闯关'，一感动，就给我开个无敌外挂，让我直接走向人生巅峰。今天先沮丧到这儿，明天继续和生活'掰手腕'！"这条朋友圈发出后，小林收获了众多朋友的点赞与评论，大家纷纷被他的乐观逗乐，还留言鼓励他。小林看着这些回复，心情也逐渐好转，觉得自己也没那么沮丧了。

能说会道

在沮丧的时刻，我们往往陷入低落的情绪中难以自拔，发朋友圈的内容也容易充斥负能量。其实换个思路，只要把沮丧的心情变成段子，不仅能排解坏心情，还能让朋友圈充满别样趣味。下面就为大家分享几个把沮丧的心情写成段子的文案，帮助你在朋友圈收获无数点赞，用幽默为生活添彩。

1. 工作压力类

文案 1：别人上班是"升职加薪走向人生巅峰"，我上班是"文件如山累到怀疑人生"。不过没关系，我已经把自己当成超级英雄，每天在"职场战场"上和文件怪兽战斗，说不定哪天就能解锁隐藏超能力，直接把文件秒成渣！

文案 2：上班就像一场永无止境的马拉松，我在赛道上气喘吁吁，老板却在旁边喊："加速，加速！"我严重怀疑我不是在上班，而是在参加"铁人五项"，项目策划、会议汇报、客户应酬……一样都不能少。但我始终坚信，等我跑完这场"马拉松"，就能成为"职场超人"，到时候看谁还敢给我派那么多活儿！

文案 3：工作压力大到让我怀疑人生，感觉自己就像一颗被放在高压锅里的爆米花，随时可能"砰"的一声爆开。不过我已经想好了，要是真的爆开了，我就变成一朵"爆米花云"，飘到老板办公室，让他尝尝被工作"压迫"的滋味！

2. 生活挫折类

文案 1：今天出门摔了一跤，膝盖磕破了皮，心情瞬间跌入谷底。但仔细想想，我这是在给自己的人生加点"刺激调料"，让平淡的生活变得有滋有味。说不定下次出门，我能像超级玛丽踩蘑菇一样踩到一枚"复活金币"，人生从此逆袭！

文案 2：最近生活好像陷入一个怪圈，干啥啥不顺。先是手机屏幕碎了，接着钥匙丢了，感觉自己就像个"倒霉蛋制造机"。不过没关系，我决定把这些挫折当成生活给我的"游戏关卡"，等我一路"过关斩将"，最后肯定能收获一份超级大礼包，里面装满了幸运和惊喜！

文案 3：生活就像一场恶作剧，总是在我最意想不到的时候给我来个"惊喜"。今天我精心准备的晚餐被我做成了"黑暗料理"，但我告诉自己，这是生活在考验我的厨艺和心态。我打算把这盘"黑暗料理"当成艺术品，说不定还能开创一种全新的美食流派，成为"黑暗料理界"的大师！

3. 感情烦恼类

文案 1：谈恋爱就像玩游戏，我以为自己找到了"最佳队友"，结果发现对方是个"猪队友"。每次吵架都像在打团战，我一个人在前面冲锋陷阵，对方却在后面"卖队友"。不过没关系，我已经把这段感情当成一场"游戏试炼",等我成功"通关",就能成为"感情大师",轻松应对各种恋爱难题!

文案2:最近感情出了点儿问题,感觉自己就像在茫茫大海上漂泊的小船,找不到方向。但我突然想到,说不定这是命运给我安排的一场浪漫的"海上冒险",等我历经风雨,就能找到属于我的"宝藏岛屿",收获真正的爱情。到时候我一定要在岛上立个牌子,写上:"感谢曾经的迷茫,让我找到了你!"

文案3:被喜欢的人拒绝了,心情低落到了极点。但转念一想,这是上天在告诉我,我的"真命天子"一定还在前方等着我。现在的拒绝只是为了让我更好地成长,等我变得更加优秀,就能以最好的姿态出现在TA面前。我要把这次挫折当成"感情升级的经验值",努力打怪升级,早日迎来属于我的甜蜜爱情!

> 能说会道

吃货专属文案：
用美食玩转人生哲理

美食不只是味蕾的享受，更是生活态度的表达。在吃货的世界里，每一道佳肴都藏着独特的感悟，每一次品尝都是一场对生活的深度探索。一条好的朋友圈美食文案能唤起人们对生活的热爱，引发强烈共鸣，点赞与评论将纷至沓来。接下来就为你揭秘如何将美食与人生哲理巧妙融合，用文字为美食增添别样魅力，打造点赞量超高的朋友圈。

场景再现

周末，小敏和朋友去一家网红餐厅吃饭。餐厅人满为患，她们等了很久才入座。菜上桌后，小敏觉得味道并没有网上说的那么好，感到有些失望。她想发个朋友圈吐槽，于是写道："这家网红餐厅真让人失望，等了好久，味道却很一般，以后再也不来了。"小敏发完朋友圈后，朋友看到了，觉得小敏太消极，原本愉快的用餐氛围也变得有点儿沉闷。

试着这样沟通

小敏换了条发朋友圈的文案："今日打卡网红餐厅，排队的过程就像人生

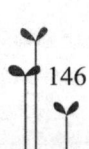

中的漫长等待，充满期待又略带煎熬。而菜品的味道恰似生活，有时不会完全符合预期。但那又何妨？就像人生，虽有不如意，可每一次体验都是独特的。期待下次再来，解锁它的美味密码！毕竟生活和美食一样，值得我们不断探索。"这条朋友圈不仅化解了对用餐的失望，还引发了朋友们的共鸣，大家纷纷点赞评论，分享自己的类似经历，小敏和朋友的心情也变得轻松愉悦，用餐氛围重新热闹起来。

能说会道

美食是生活的调味剂，而吃货的专属文案则是打开人们对美食向往与共鸣的钥匙。将美食与人生哲理巧妙融合能让朋友圈充满烟火气与深度，下面让我们一起探索如何用文字赋予美食灵魂，轻松收获超高点赞量，成为朋友圈里最具生活气息的美食达人。

1. 美食与奋斗

文案1：人生就像吃火锅，你永远不知道下一口会捞出什么惊喜。可能是嫩滑的肉片，也可能是吸满汤汁的豆皮。生活也是如此，充满了未知和挑战。所以别害怕，大胆地把食材放进锅里，就像勇敢地拥抱生活中的各种机遇。只要你用心烹饪，最终都能收获一锅美味，就像收获一个精彩的人生！

文案2：吃寿司的时候，我发现每一口都是米饭、鱼肉和配菜的完美融合。这让我想到，人生也需要各种元素的平衡。工作、生活、爱情、兴趣……就像寿司的不同组成部分，缺一不可。只有把它们巧妙地组合在一起，才能品尝到人生的各种滋味。所以别只顾着追求某一方面的极致，学会在各个领域中找到和谐，才能让自己的人生像寿司

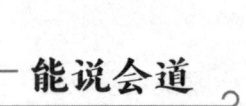

一样，层次丰富，令人满足。

2. 美食与分享

文案1：今天和朋友一起吃蛋糕，一块蛋糕被我们分成几份，每个人都吃得津津有味。这让我明白，快乐就像这块蛋糕，分享之后不仅不会减少，反而会加倍。生活中的美好也是如此，无论是一顿美食、一次旅行，还是一个有趣的笑话，当你和身边的人分享时，那份快乐会在彼此之间传递，让每个人都感受到温暖和幸福。所以别吝啬你的快乐，多和朋友共享美食，分享生活，让快乐无限蔓延！

文案2：今天在街头买了一份烤红薯，热乎乎的红薯散发着诱人的香气。我把红薯递给身边的陌生人，邀请他一起品尝。他惊讶又感激地接过红薯，我们一边吃，一边聊天儿。那一刻，我深刻体会到美食是连接人与人之间情感的桥梁。它能打破陌生人间的隔阂，让人们因共同的美味体验而变得亲近。所以在下次遇到美食时，我们不妨大方地与他人分享，也许一个小小的举动就能创造一段美好的回忆，让这个世界变得更加温暖。

3. 美食与人生态度

文案1：吃冰激凌的时候，我喜欢慢慢舔，感受它在舌尖融化的过程。这让我想起，生活也需要我们细细品味，才能发现其中的美好。有时候我们匆匆忙忙地赶路，忽略了沿途的风景。其实生活中的每一个瞬间都像冰激凌的每一口滋味，有着独特的魅力。放慢脚步，用心去感受生活中的酸甜苦辣，你会发现平凡的日子也能充满惊喜。

文案2：品尝一杯香浓的咖啡，苦涩中带着一丝回甘。这就像人生，不可能总是一帆风顺，总会遇到挫折和困难，但正是这些经历让我们的人生变得更加丰富和有意义。当面对苦涩时，我们不要抱怨，而是要学会从中寻找那一丝回甘，用积极的心态去迎接生活的挑战。就像品味咖啡一样，只有经历了苦涩，才能更好地体会甜蜜的珍贵。

文案3：吃榴梿的时候，很多人因为它独特的气味而望而却步，但也有很多人会被它浓郁的味道征服。这让我想到生活中也有很多事情，看似难以接受，但当你勇敢地尝试，可能就会发现意想不到的美好。不要因为害怕未知而拒绝新的体验，要像品尝榴梿一样，勇敢地突破自己的舒适区，去探索生活中的各种可能性。也许你会发现，那些曾经让你抗拒的事物正是你通往精彩人生的钥匙。

吐槽工作的正确方式：
让领导笑着点赞

在工作中，吐槽是打工人的情绪出口，但一不小心就容易踩雷，尤其是被领导看到时，可能会带来负面影响。正确的吐槽方式不仅能释放压力，还能展现自己的智慧与态度，甚至让领导也能笑着点赞认可。接下来就让我们一起看看如何巧妙吐槽工作，既能宣泄情绪，还能维护良好的职场关系，为自己的职场加分。

场景再现

公司最近频繁加班，任务繁重，员工们怨声载道。小李忍不住在朋友圈发了条动态信息："天天加班，累得要死，公司就知道压榨我们，真受不了了。"这条动态信息被领导看到后，领导认为小李态度不端正，工作积极性差，对小李的印象大打折扣。在之后的工作中，小李也因此错过了一些晋升机会，他感到后悔不已。

试着这样沟通

小李重新编辑朋友圈:"最近公司的项目就像一场激烈的马拉松,我们全员开启'暴走'模式,加班加点地往前冲。每一次挑灯夜战都像在和项目中的'小怪兽'搏斗,虽然过程很艰辛,但看着成果一点点显现,就像在马拉松中看到了越来越近的终点线,我们充满成就感。相信在大家的共同努力下,我们一定能出色完成任务,获得胜利!领导和我们一起并肩作战,也辛苦了,我们一起加油!"领导看到这条动态信息后,点赞并评论:"大家都很努力,继续加油,胜利就在前方!"同事们也纷纷点赞,小李既表达了工作的辛苦,又展现了积极向上的态度,给领导留下了好印象。

能说会道

工作压力常让人想吐槽,又怕方式不当惹麻烦。其实只要掌握正确的方法,吐槽也能成为职场的加分项。下面就为大家分享几种工作吐槽的正确方式,让大家巧妙转化负面情绪,展现专业态度。

1. 任务繁重类

文案1:家人们谁懂啊,最近工作任务重得像喜马拉雅山,我都快被压成饼了。不过换个角度想,这也是领导对我的认可,毕竟能扛下这么多活儿的人可不多。我已经化身"超级赛亚人",准备爆发小宇宙,搬空这座"任务山",等忙完必须吃顿好吃的犒劳自己!

文案2:每天被堆积如山的工作文件包围,我好像在文件的海洋里裸泳,随时会溺亡。但我相信这是上天在考验我的抗压能力,我这艘小破船偏要乘风破浪!说不定等干完这些,我就能荣获"工作超人"勋章。领导,你觉得我有机会不?要是能赏赐个下午茶,我肯定能更快驶向胜利彼岸!

文案3:工作多到让我严重怀疑人生,感觉自己像个永动机,一刻也不得闲。不过我告诉自己,这是在为升职加薪积攒经验。等把这些任务全部拿下,我就是职场"陀螺之王"!领导,敬请期待我的高光时刻!

2. 加班无奈类

文案1:又又又加班了,看着窗外的灯火辉煌,我在办公室默默搬砖。不过我知道我不是一个人,无数加班人都在陪我。我已经把加班当成修仙,每次加班都是在积攒"功德",等功德圆满,我将直接原地飞升(升职)。领导,你说我这"修仙"是不是挺有前途?下次加班可以安排点儿夜宵,让我更有动力!

文案2:加班加到灵魂出窍,感觉生活被工作狠狠拿捏。但我还是保持微笑,毕竟生活不只眼前的苟且,还有远方的诗和自由,而现在努力工作就是为了早日奔赴自由。我相信领导能看到我的努力,领导要是能抽空关心下我们这些加班的"小可怜",比如提醒我们注意休息,我们肯定会更拼命!

文案3:最近加班成为常态,我都快忘了正常下班是啥感觉。不过没关系,我把加班当作投资未来,每个加班夜都是我成长的脚印。等我变强,就能更好地为公司发光发热。领导,你觉得我这"投资"回报率咋样?要是能有点儿加班补贴,我的"投资热情"能直接拉满!

3. 团队协作类

文案1:家人们,有时团队合作就像玩狼人杀,每个人的想法都不一样,很难统一。但我相信只要我们齐心协力,肯定能找出"狼人",

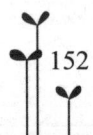

解决问题。我会努力沟通，让咱们团队像一家人一样，共同完成任务。领导要是有团队建设的好点子，快分享分享，让团队合作更愉快！

文案2：团队协作偶尔有点儿小摩擦，就像齿轮卡顿。但我知道这是磨合的必经之路，我会像个修理工，努力调整每个"齿轮"，让团队重新高效运转。领导在团队管理上经验丰富，要是能传授些解决团队协作问题的技巧，那就太感谢啦！

文案3：最近团队合作遇到挑战，大家的节奏不太合拍。不过我坚信只要找到共同节拍，就能跳出完美舞步。我会积极协调，让团队配合更默契。领导要是能在适当时候给点儿鼓励和指导，让大家更有信心，我们肯定能克服困难，冲啊！

节日祝福模板：
告别群发尴尬

在社交平台越发重要的今天，作为现代社交媒体的一部分，朋友圈已成为展示自我、维系关系的重要平台。每逢节日，满屏的祝福信息纷至沓来，可千篇一律的群发内容往往容易被人忽视。一条独特又真挚的节日祝福不仅能让好友眼前一亮，还能拉近彼此的距离，让对方真切感受到你的用心。接下来就为你呈上精心整理的节日祝福文案，帮你告别群发的尴尬，收获无数点赞与评论。

场景再现

春节到了，小张为了省事，直接复制一条网上的节日祝福语群发出去："新年快乐，万事如意，身体健康，财源广进！"朋友小王收到小张的信息后，发现这条祝福和其他人收到的一模一样，觉得小张很敷衍，心里有些不高兴。之后两人聊天儿时，小王无意间提到这件事，小张才意识到自己的做法不妥，场面有些尴尬。

> **试着这样沟通**

小张精心编辑发给小王的祝福:"小王,新年钟声即将敲响,我第一个就想到你!在过去一年,我们一起经历了许多,那些一起奋斗的点滴、开怀大笑的时刻都历历在目。新的一年,愿你的生活像你喜欢的电影情节一样精彩,工作上能轻松攻克所有难题,每天都活力满满。最重要的是,无论何时都能保持一颗热爱生活的心。新年快乐,我的挚友,愿咱们在新的一年继续并肩前行!"收到信息后,小王非常感动,立刻回复:"太惊喜了,这是我收到最用心的祝福,新的一年我要和你一起冲!"小张成功避免了群发的尴尬,让朋友感受到了真挚的情谊。

能说会道

节日是传递温暖与关怀的好时机,可千篇一律的群发祝福文案常常石沉大海,无法达到预期效果。想要让自己的祝福脱颖而出,就得告别套路,用独特的方式传递真情。下面为大家准备了几条实用的节日祝福文案,让你在向朋友送上祝福的同时,拉近与朋友的距离,让你的朋友圈充满温情与互动。

1. 春节祝福

文案1:金蟒贺岁,福满人间!亲爱的朋友,愿你的生活像烟花般绚烂,事业如春笋般节节高升,家庭似暖阳般温暖和睦。愿你在蛇年里,所行皆坦途,所遇皆美好,所求皆如愿,所盼皆可期。春节快乐,万事胜意!

文案2:新春到,福气绕!在这辞旧迎新的美好时刻,送上我最真挚的祝福。愿你在新的一年里,钱包鼓鼓,烦恼让路;笑容灿烂,好运相伴；梦想成真，幸福满溢。愿你在蛇年的每一个日子都充满惊喜，每一个瞬间都洋溢着欢乐。春节快乐，阖家幸福！

文案3：蛇年的钟声即将敲响，新的征程即将开启。愿你在这充满希望的一年里，像灵动的小蛇一样，灵活应对生活中的各种挑战，收获满满的成功与喜悦。愿你的生活处处有小确幸，天天有好心情。新春佳节，愿你和家人共享团圆之乐，共度美好时光。春节快乐，吉祥如意！

2. 情人节祝福

文案1：在这浪漫的情人节，愿天下有情人都能像星星和月亮一样相互陪伴，永不分离。愿你和心爱的人一起走过每一个春夏秋冬，留下无数美好的回忆。愿你们的爱情像美酒一样越陈越香，甜甜蜜蜜。情人节快乐，愿爱与你常伴！

文案2：情人节到了，空气中弥漫着甜蜜的气息。愿你在这个特殊的日子里，收获满满的爱意。无论你是与爱人相拥，还是在期待爱情的路上，都要相信美好的爱情终会降临。愿你被爱包围，幸福永远。情人节快乐，愿你的爱情如诗如画！

文案3：在浪漫的情人节送你一份特别的祝福。愿你和另一半的爱情像阳光一样温暖，像花朵一样芬芳。在未来的日子里，你们能相互理解，相互支持，携手走过每一个精彩瞬间。愿你们的爱情故事成为世间最动人的传说，情人节快乐，甜蜜永远！

3. 中秋节祝福

文案1：明月寄相思，团圆中秋节。在这个月圆人更圆的日子里，愿你和家人围坐在一起，共享月饼的香甜，共赏圆月的皎洁。愿你的生活像中秋的月亮一样，圆满无缺，明亮动人。愿你在今后的日子里，事业顺利,家庭幸福,梦想成真。中秋节快乐,月圆人安!

文案2:中秋佳节,花好月圆。让这轮明月将我的祝福带到你的身边,愿你在这个美好的节日里收获满满的幸福和快乐,愿你的人生之路如同这明亮的月光,一路坦途,洒满希望。愿你和家人幸福安康,团团圆圆。中秋节快乐,万事顺遂!

文案3:又是一年中秋至,月光如水洒人间。在这个温馨的节日里,愿你的心中充满爱与希望。愿你和亲朋好友相聚一堂,共享生活的点滴,传递温暖的情谊。愿你的生活如中秋月饼般甜蜜,如天上明月般皎洁。中秋节快乐,幸福永远与你相伴!

> 能说会道

凡尔赛文案：
高级的幽默配方

很多人都渴望在朋友圈分享生活的美好，但若直白炫耀，难免会遭人反感。凡尔赛文案以一种看似低调、实则巧妙的方式，将优越融入诙谐的表达中，让人在会心一笑的同时，还忍不住点赞。下面就为大家呈上高级的幽默配方，助你在朋友圈中轻松斩获点赞与评论。

场景再现

小李成功主导了公司的一个重大项目，为公司创造了巨额的收益，顺利拿到丰厚奖金。当晚，他抑制不住内心的兴奋，在朋友圈晒出奖金到账的截图，并配文："这个项目累死个人，好在奖金够给力！这下想买啥就买啥！"这条朋友圈一发出，瞬间炸锅。有人在评论区起哄："李大神，太牛啦，带带我们！"也有人直接留言："兄弟，最近手头紧，借我点儿钱应应急。"看到这些评论，小李才意识到自己的炫耀有些不妥。

试着这样沟通

思索片刻后，小李发了这样一条朋友圈："最近真的太崩溃了！为了这个项目天天熬夜,头发大把大把地掉。本以为能按时完成就谢天谢地,没想到领导却在全公司大会上表扬我,现在同事们看我的眼神都怪怪的,压力瞬间拉满!"朋友小王看到后,在评论区留言:"别得了便宜还卖乖,不过这文案绝了,必须点赞!"小李既分享了成功的喜悦,又凭借诙谐的"凡尔赛文案"避免了他人的反感,从而收获了众多点赞与评论。

能说会道

通过将看似苦恼的抱怨与真实的得意相结合,营造一种"无心炫耀"的氛围,不仅不会引起他人的反感,反而能让你的朋友圈充满趣味,收获更多互动。下面再为大家呈上几个在不同场景下,运用凡尔赛文案打造的超赞朋友圈文案,助你成为朋友圈的"社交达人"。

1. 工作成就类

文案1:最近真的好苦恼,公司给我安排了不少重要项目,每天忙得晕头转向。昨天老板还找我谈话,说公司太依赖我了,希望我能多培养新人,一起分担我的工作。唉,我也想轻松点儿,可谁让我能力这么强,一出手项目就成功,同事们都习惯找我帮忙。这"职场超人"的名号,有时候还真是一种负担哪!

文案2:刚接到通知,又要去参加行业顶尖的研讨会。每次去都觉得压力好大,毕竟我分享的观点总能引起大家的热烈讨论,会后还总有同行追着向我请教问题。我都跟领导说别总派我去了,让其他同事也有机会锻炼,可领导说我是公司的"门面",我的见解对公司发展太重要了。真是无奈,这"行业意见领袖"的角色,什么时候才能换人哪!

文案3：今天又接到猎头公司的电话，他们开出的薪资和职位都很诱人。我都跟他们说了，现在的公司让我很有归属感，工作也得心应手，我实在不想跳槽。可他们说像我这样业绩突出、能力全面的人才是每个公司都梦寐以求的，还不停地劝说我考虑一下。唉，有时候太优秀也挺烦恼，总是被各种机会"骚扰"，我只想专注于手头的工作呀！

2. 生活日常类

文案1：为了保持身材，最近只能吃些清淡的食物，什么山珍海味都不敢碰。昨天朋友约我去吃大餐，我拒绝了，毕竟我稍微多吃一点儿就容易长胖。看着朋友们大快朵颐，我只能坐在旁边默默羡慕。真羡慕他们怎么吃都不胖的体质，不像我，稍微不注意就会被体重秤上的数字吓到。为了这"易胖体质"，我付出了太多呀！

文案2：家里的宠物太黏人了，每天下班一回家，它们就围着我转，不停地撒娇求抱抱。我想安静地看会儿书、追个剧都不行，感觉自己完全没有私人空间。今天我想出去和朋友聚聚，可它们眼巴巴地看着我，一副可怜兮兮的样子，让我实在不忍心离开。

文案3：今天出门逛街，我又被路人拦住要联系方式。我都跟他们解释了，我只是个普通人，没什么特别的。可他们说我气质独特，让人忍不住想要认识。我真的觉得自己很普通啊，就是随便穿了件衣服，化了个淡妆而已。难道现在大家都这么容易被吸引吗？这"莫名的吸引力"有时候还挺让人困扰的。

3. 居住环境类

文案1：最近搬到了一个新小区，环境好得没话说，绿化超棒，还有各种高端配套设施。朋友们都羡慕我住在这里，可我却很发愁。这小区的物业服务太贴心了，每天都有人帮忙收快递、打扫公共区域，我都不好意思了。小区里的活动也很多，经常组织邻里聚会、户外运动，我想安静宅在家里都不行。

文案 2：家里重新装修了一下，按照我的想法打造了一个既温馨又时尚的空间。结果刚装修完，朋友、亲戚都跑来参观，不停地夸赞我的装修品位。现在隔三岔五就有人来家里做客，学习装修经验。我都快变成"装修顾问"了，本来只想安安静静地享受新装修的家，这下可好，家里整天热热闹闹的，想独处都难。

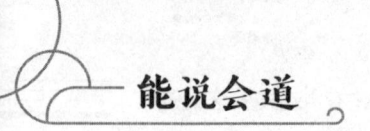

自拍配文库：
幽默夸己不招黑

朋友圈自拍早已成为人们分享生活、记录美好瞬间的常用方式，不过千篇一律的"求夸"文案不仅难以脱颖而出，还可能让好友感到厌烦。幽默风趣、恰到好处的自拍配文既能展现个人的自信风采，又不会给人留下炫耀的坏印象，让你可以轻松收获众多点赞和有趣互动。

场景再现

梅梅在精心打扮后，拍了一组美美的自拍，特别想发朋友圈分享。一开始她配文："今天这妆化得也太好看了吧，我怎么这么美！"发出去后，不仅点赞寥寥无几，还有朋友在评论区吐槽她太自恋。

试着这样沟通

梅梅灵机一动，配上文案："家人们，我宣布个事，我可能是被美貌'诅咒'了。今天随便化了个妆，就感觉镜子都要被我美'炸'了，这要是出门，不得引起交通堵塞？我这无处安放的魅力呀！不过话说回来，我得感谢我的父母，给了我这张'祸国殃民'的脸。"这条朋友圈发出去后，朋友们纷纷点赞评论，留言说她幽默可爱。不仅成功分享了自己的美照，还收获了一波好评，梅梅开心不已，觉得这种夸赞自己的方式既有趣，又不会让人生厌。

能说会道

自拍配文堪称社交平台里的"隐形加分项"。一条优秀的文案既能提升自拍的吸引力，又能展现个人魅力，拉近与朋友的距离。借助一些独特表达技巧，巧妙运用反差、自嘲、隐喻等手法，就能让自拍配文脱颖而出。下面再分享几条不同风格的文案，助你在朋友圈持续出圈，收获超多人气。

1. 外貌调侃类

文案1：我严重怀疑手机自带的美颜功能对我有什么误解，每次拍照都把我拍得这么好看，我都快不认识自己了。其实我只是个普通人，只不过比别人多了那么一点点上镜的天赋而已。大家看，这就是"老天爷赏饭吃"的无奈，想低调都难哪！

文案2：每次自拍都要纠结好久，因为怎么拍都好看，实在不知道该选哪张发出来。我跟自己的脸商量了一下，能不能低调点儿，别这么完美，可它就是不听。没办法，谁让我长了一张"360度无死角"的脸呢，拍照都成了一种甜蜜的负担。

2. 发型服饰类

文案 1：今天换了个新发型，没想到效果出奇地好，走在路上回头率超高。朋友说我这发型简直是"换头术"，让我瞬间从普通人变成了时尚达人。其实我也就是随便找了个发型师，没想到他这么懂我，通过发型把我的优点都展现出来了。

文案 2：今天穿了一件新衣服出门，结果被好多人问衣服是在哪里买的，说我穿着特别显气质，把衣服的设计感完全展现出来了。我心里暗喜，其实我只是随便在店里挑的，看来我的穿搭天赋还是很不错的，随便一穿就能成为焦点，这也是一种"烦恼"哇！

3. 气质神态类

文案 1：朋友给我抓拍了一张照片，我一看，哇，照片里的我气质出众，眼神里透着自信和魅力。我都怀疑这真的是我吗？我跟朋友说，肯定是她的拍照技术太好了，把我拍得这么出彩。朋友却说是我本身气质独特，随便一拍都很有感觉。被朋友夸气质好，还真是让人有点儿小骄傲呢！

文案 2：今天照镜子的时候，我发现自己不经意间的一个神态特别迷人，那种自然流露出的从容和优雅，连我自己都被吸引了。我跟室友说，我是不是练成了什么"气质秘籍"，怎么突然这么有范儿了。室友白了我一眼，说我一直都这样，只是自己没发现而已。

黄金话术集锦

1. 负能量反向操作：把沮丧的心情写成段子

① 别人努力搞钱，我努力搞清楚钱去哪儿了，像个"金钱侦探"，可惜总也抓不到"凶手"。

② 都说早起的鸟儿有虫吃，我早起却被虫吃！

③ 以为生活是巧克力，打开后却发现它是"黑暗料理"，全是"惊喜"（惊吓）。

④ 别人减肥管住嘴、迈开腿，我管住嘴就接着睡，主打"心诚则灵"。

⑤ 我心向明月，明月照沟渠，我还在沟渠找手机，真是"祸不单行"。

⑥ 别人是"人生赢家"，我是"人生输得明明白白还硬撑玩家"，谁与争锋？

⑦ 在生活的赛道上，别人冲刺，我散步欣赏"失败风景"，体验独特。

⑧ 都说爱笑的女孩儿运气好，我笑得脸疼也不见运气有多好，难道是笑法不对？

2. 吃货专属文案：用美食玩转人生哲理

① 吃火锅就像经营人生，食材多样搭配，才能煮出幸福的浓汤。

② 泡面泡得恰到好处，就像生活掌握好了节奏，简单也满足。

③ 蛋糕入口即化，正如烦恼转瞬即逝，享受当下才是生活的真谛。

④ 剥小龙虾就像解开生活谜团，过程烦琐，结果却超美味。

⑤ 吃烧烤时的烟火气是生活最温暖的注脚，平凡又珍贵。

⑥ 喝奶茶时，三分糖是生活的甜，留七分给自己去拼搏。

⑦ 啃鸭脖的专注如同对待生活，用心投入才更有滋味。

⑧ 冰激凌融化得太快，提醒我们要抓紧享受生活的美好。

3. 节日祝福模板：告别群发尴尬

① 新年到啦！愿你的生活像烟花一样绚烂，钱包像气球一样鼓，新岁万事皆顺意！

② 中秋佳节，愿月光所照之处皆是团圆，你爱的和爱你的人都在身边，共赏这良辰美景。

③ 端午安康！愿你如艾草般生机勃勃，生活满是粽香般的馥郁，日子顺遂又吉祥。

④ 国庆快乐！愿你的每段旅途都充满惊喜，人生像山河一样壮阔！

⑤ 情人节快乐！愿你和爱人携手走过四季，每天都是甜甜的热恋。

⑥ 生日快乐！希望在新的一岁里，你的烦恼都被蛋糕上的蜡烛烧掉，梦想全都实现。

⑦ 除夕至，愿你在噼里啪啦的烟火里收获满满好运，新的一年幸福又安康。

⑧ 教师节，感恩有您，愿您的课堂永远充满活力，生活满是欢声笑语。

⑨ 腊八到，愿这碗腊八粥能为你驱散冬日严寒，新的一年福运满满。

⑩ 冬至啦，愿你被温暖包围，身边常有家人陪伴，往后的日子都热气腾腾。

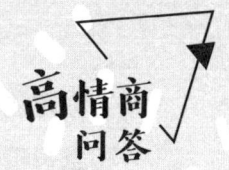

1. 当别人夸你年轻。

   高情商回答：不是年轻，是心态保鲜，毕竟生活需要点儿"防腐剂"。

2. 当别人说你太拼了。

   高情商回答：不是拼，是怕辜负了时光的厚待。

3. 当别人问你怎么总是这么开心。

   高情商回答：因为烦恼太贵，笑容免费。

4. 当别人说你运气真好。

   高情商回答：运气是努力的利息，本金还得自己攒。

5. 当别人说你太会说话。

   高情商回答：不是我会说，是您值得。

6. 当别人问你怎么看透人心。

   高情商回答：不是看透，是愿意多理解一点儿。

7. 当别人说你太低调了。

   高情商回答：高调是给别人看的，低调是给自己留的。

8. 当别人问你怎么做到情绪稳定。

   高情商回答：情绪就像天气，学会打伞比抱怨下雨有用。

9. 当别人说你太较真。

   高情商回答：不是较真，是不想辜负自己的认真。

10. 当别人问你怎么总能把事情做好。

    高情商回答：不是做得好，是怕做不好对不起信任。

11. 当别人说你太会安慰人。

    高情商回答：因为我知道有时候一句话就是一颗糖。

12. 当别人问你怎么这么有耐心。

    高情商回答：耐心不是天生的，是觉得值得。

13. 当你跟创业者交流时,不要只问"赚了多少钱",而要关注他的创新思维和坚持精神。

高情商回答:你的项目很有前瞻性,能坚持下来真的很不容易,你在这个过程中最大的收获是什么?

14. 当你跟职场新人交流时,不要摆出高高在上的姿态,而要给予具体指导和鼓励。

高情商回答:刚开始都是这样的,我来教你一个小技巧。

15. 当你跟合作伙伴交流时,不要只强调自己的利益,而要突出共赢的可能性。

高情商回答:如果我们这样调整,双方都能实现长期收益,你觉得如何?

16. 当你跟情绪低落的人交流时,不要说"这有什么好难过的",而要先共情再引导。

高情商回答:我理解你现在很难受,如果需要聊聊,我随时在。

17. 当你跟权威人士交流时,不要质疑他的经验,而是要虚心请教并表达感谢。

高情商回答:您的观点让我很有启发,我还有个问题想请教……

18. 当你跟客户交流时,不要一味推销产品,而要关注他的实际需求。

高情商回答:您目前最希望解决哪方面的困扰呢?我们可以根据您的具体需求来定制方案。

19. 当你跟内向的人交流时,不要强迫对方开口,而要创造轻松的谈话氛围。

高情商回答:没关系,我们可以慢慢聊。你平时有什么特别喜欢做的事情吗?

20. 当你跟竞争对手交流时,不要针锋相对,而要展现专业风度。

高情商回答:你们在这个领域的做法很有特色,期待有机会可以互相学习。